U0840921

·品读世界历史　汲取无穷智慧·

世界通史

②

李昕　主编

团结出版社

英国的王权制度

英国的封建化进程，是在日耳曼原始社会解体的基础上开始的。诺曼的征服加速了英国的封建化进程，也给英国的封建制度带来了有别于欧洲大陆的特色。

英国在公元5世纪前称“不列颠”。公元前1世纪初，不列颠遭到罗马人的入侵，至公元1世纪，不列颠成为罗马帝国的一个行省。不列颠又遭到日耳曼人的大举入侵，到公元7世纪初，不列颠大体上形成了由北到南7个主要国家，即诺森伯利亚、麦西亚、东盎格利亚、埃塞克斯、肯特、苏塞克斯和威塞克斯。这便是英国历史上著名的七国时代。

黑斯廷斯战役

威廉一世在这场战役中实现了“诺曼征服”，建立了诺曼王朝。

七国间的相互兼并，使英国先后形成了三大权力中心，即公元7世纪的诺森伯利亚、公元8世纪的麦西亚和公元9世纪的威塞克斯。当威塞克斯称雄之时，英国开始遭到丹麦人的入侵。国王阿尔弗烈德（公元871 ~ 899年）采取灵活的战略战术，取得了对丹麦人的绝对胜利，双方签订了《威德摩尔和约》，将英国一分为二，把从泰晤士河口到提兹河的盎格利亚的大部分地区割让给丹麦人，形成丹麦法区。公元886年，阿尔弗烈德收复伦敦。到他去世时，威塞克斯已基本上统一了除丹麦法区之外的整个英格兰。他的后继者继续北进，收复了丹麦人所占领土，威塞克斯国王开始自称“全不列颠之王”。

公元10世纪末11世纪初，丹麦人再次入侵英格兰，但没有根本触动英格兰的政治制度，盎格鲁－撒克逊时期，英格兰建立起较为系统的王权体系。到公元10世纪，以国王的宫廷为核心，形成了中央机构。

1042年，属于威塞克斯血统的忏悔者爱德华取得了英格兰的王位。忏悔者爱德华将全国分成若干郡，并建立威斯敏斯特修道院教堂。1066年初，忏悔者爱德华死后无嗣，威塞克斯伯爵哈罗德二世被推选为国王。诺曼底威廉以爱德华曾面许继位为理由，要求获得王位。1066年9月末，威廉召集诺曼底、布列塔尼、皮卡迪等地封建主进行策划，率兵入侵英国。英王哈罗德迎战。10月14日，双方会战于黑斯廷斯。英军战败，哈罗德阵亡，伦敦城不战而降。1066年10月14日，威廉公爵在黑斯廷斯战役中将对手击败，争夺到继承权，他在伦敦被立为国王，称为威廉一世，建立起英国历史上的诺曼王朝。对英国的封建化进程产生了巨大影响。

其一，这一征服为英格兰王权的确立奠定了强大的物质基础。1086年，威廉完成了对全国土地赋役状况的调查、登记和造册工作。这一重大举措，确立了英国的封建领地均受自国王的观念。

其二，这一征服为英格兰王权的确立奠定了强大的阶级基础。威廉确立了不同于其他国家的封建原则：我的封臣的封臣也是我的封臣。这句话的意思是说，英国的大小封建主都要直接受命于国王，直接为国王服役，封建主之间的私战是不合法的。

最后，威廉一世通过王室法庭将王权的统治范围扩大到全国。威廉一世将教会的审判权严格控制在有关灵魂的案件之内，禁止教

·中世纪·

“中世纪”一词，最早出现于文艺复兴时代，它是由16世纪意大利人文主义语言学家和历史学家首先提出来的。由于他们是希腊、罗马古典文化的崇拜者，所以就把从古典文化衰落至文艺复兴前的一段时间称为“中间的世纪”。中世纪是封建生产方式在世界范围内形成、发展和衰亡的时代，时间从公元5世纪后期罗马帝国崩溃起，至17世纪中期英国资产阶级革命止，前后共经历约12个世纪。中世纪时的经济主要是封建制的庄园式自然经济，出现了一批商业城市：巴黎、里昂、都尔奈、马赛、科隆、特里尔、斯特拉斯堡、汉堡、威尼斯、热那亚，等等，形成了一个以地中海为中心的贸易区。今天，世界地图上欧洲、亚洲和非洲的多数国家，都是在中世纪开始建立或登上世界历史舞台的，许多国家的历史特点是在这个时期奠定的，许多民族和语言也是在这一时期逐渐形成的。

公元 866 年，丹麦人踏上英格兰，处决了英王爱德蒙。

会插手其他事务。到亨利二世（1154 ~ 1189 年在位）时，王室的司法权又进一步扩大到教会和领主的某些领地、辖区。王室法庭审理的范围不仅包括重大案件，一般的民事案件也被纳入王室法庭的权限。同时，亨利二世还广泛采用陪审制，使司法审判更趋合理。

威廉一世将法国的封建制度引进了这个“自由人”国家，并使之成为他进行统治的权力基础。诺曼封建主得到分散在整个王国的零星封地，这样分散的封地不能形成大的领地，永远置于王权的控制之下。管理各郡的郡长也是同样的情况，因为他们在郡内不占有任何私人领地。

在博学的教士兰弗朗克的帮助下，威廉重新组织了英国教会，他任命兰弗朗克为坎特伯雷大主教。他与罗马教皇格列高利七世就主教职权问题发生冲突，但还没有发展到决裂的地步。他还建立了许多修道院，引进了希腊和拉丁文学。

随着王权不断得到加强，到 1200 年，英格兰的封建化过程便宣告完成。

王权与教权之争

在西欧封建社会，王权利用封臣制建立起一套封建隶属关系，来实施对全国的统治，而国王一般很难对全国实行直接控制。这就为以罗马教皇为首的天主教会的势力提供了发展空间，从而引发了王权与教权之间的争斗。

公元568年，伦巴德人大举南下进逼意大利，严重威胁着罗马的安全，教皇在法兰克人的帮助下，打败了伦巴德人，这大大地提高了教皇的威望。罗马教皇不仅是教皇国的实际统治者，而且还成了西欧各国教会的最高领袖。

教皇格列高利一世的象牙雕像
从公元590年至604年，作为教皇，他的严厉施行宗教信条与政治上的敏锐极大地加强了罗马教皇的权力，他的传教热情使基督教信仰传遍西方文明世界的最远边界。

王权与教权之争，就这样开始了。

在西欧早期封建社会里，王权与教权之争因各国具体情况不同，表现出的激烈程度也不一样。

公元919年，康拉德被迫推举当时德国势力最为强大的萨克森公爵亨利为王，即亨利一世。德国历史从此跨进了萨克森王朝（公元 919 ~ 1024 年）。亨利一世执政后，通过兼并士瓦本、吞并洛林和巴伐利亚，将自己的统治进一步巩固。亨利死后，其子奥托一世继位。奥托一世不仅将五大公国牢牢控制，而且还发动征服意大利的战争，取得了“伦巴德”国王的称号。公元 926 年，奥托一世亲率大军将伦巴德王国征服。公元 927 年，教皇在罗马的圣彼得大教堂为奥托一世加冕，称其为“罗马人的皇帝”。奥托一世成为罗马帝国合法的王位继承人。此时，萨克森王朝各王依靠武力建起一个庞大的帝国，但各部落公国依然独立，各自为政，仍是在帝国名义下的独立国家。

德国科隆大教堂实景图
欧洲北部最大的哥特式教堂，始建于 13 世纪中叶，平面呈拉丁十字形，中央是两座各高 161 米的双尖塔，教堂四周小尖塔林立，整个教堂雕有精致的花饰。

于是国王便借助教会来加强他的封建统治，各地的主教和修道院院长大多是国王或皇帝的封臣或附庸，要向国王或皇帝宣誓效忠，并接受国王或皇帝的任免。为此，德国国王或皇帝授予他们广泛的特权，即“奥托特权”。后来，教皇对德国的主教任免权又提出要求，认为教会权力不应由国王授予，即使皇帝也无权插手主教的遴选和续任。从教皇尼古拉二世（1058 ~ 1061 年在位）到亚历山大二世（1061 ~ 1073 年在位），历任教皇都不断提出对德国主教的续任权，到教皇格列高利七世（1073 ~ 1085 年在位）时，两者之间的矛盾达到白热化。1075 年，格列高利通谕废除世俗君主对教职的续任权。德国的神圣罗马帝国皇帝亨利四世针锋相对，于 1076 年 1 月在沃姆斯召集德国主教开会，严厉谴责教皇。同年 2 月初，教皇宣布将亨利四世开除教籍，并要求亨利四世逊位。在这种严峻的形势下，亨利四世被迫于 1077 年 1 月翻越阿尔卑斯山到教皇住地卡诺莎城堡请求教皇的宽恕。这便是历史上著名的“卡诺莎事件”。亨利四世的悔过表现只不过是一种策略，恢复权力之后，亨利四世立即回国镇压了反对派，并将格列高利七世拉下教皇宝座。

王权与教权双方如此大打出手，绝不是因为表面上的主教续任权之争，而实际上是对物质利益的争夺。在当时，主教、修道院院长等神职是获利颇丰的肥缺，教会可以利用宗教的名义征收各种名目的租税、罚金、捐赠等。这就意味着，谁册封这些神职，谁就可以把教会或修道院的收入据为己有，国王和教皇自然都不肯放过如此诱人的获利机会。因此，双方的这种利益争夺的斗争是不可调和的。

亨利四世与教皇格列高利之间的斗争，并没有取得最终的结果，王权与教权的斗争在双方的后继者中间继续展开。直到1122年双方才相互妥协，签订了《沃姆斯宗教协定》，将主教、修道院院长的宗教权力和世俗权力一分为二，由教会和国王分别授予。德国的主教续任权之争，至此告一段落，但还远远没有结束。

王权与教权的斗争，是西欧封建王权衰弱的表现，也是罗马教皇势力发展的结果。在双方斗争的过程中，教权虽然一开始占了上风，但随着各国王权的不断加强，教权逐渐从属于王权。最终，在16世纪的宗教改革运动中，王权在民族教会的旗帜下实现了全面的统治。

·教皇国·

教皇国是指公元756～1870年罗马教皇在意大利中部拥有领土主权的政教合一的封建国家。公元756年法兰克国王丕平为酬答教皇支持其篡位，迫使伦巴德人放弃拉文纳等占领地，将意大利中部大片领土赠给教皇，此为教皇国之始。公元774年，查理曼大帝又将贝内文托和威尼斯等城赠予教皇，教皇国版图逐渐扩大。11世纪起，教皇国势力逐渐增强，12～13世纪为其鼎盛时期。1527年奥地利占领罗马，教皇国被承认为独立国家。拿破仑进驻罗马，多次将其并入法国版图。意大利统一运动中，教皇国领土不断缩小，1870年几乎全部并入意大利，教皇退居罗马城西北角面积只有0.44平方千米的梵蒂冈。1929年墨索里尼同庇护十一世签订拉托兰条约，正式承认教皇拥有独立的梵蒂冈城国主权，从此教皇国的名称不再沿用。

拜占庭帝国

拜占庭时期的象牙雕刻

公元395年，罗马帝国一分为二，西罗马帝国急剧败落，走向灭亡，在其废墟上建立起许多新的欧洲国家。以君士坦丁堡为首都的被称之为“东罗马帝国”，因其都城地处古希腊商业殖民城市拜占庭的旧址上，所以又被称为“拜占庭帝国”。

拜占庭帝国的版图包括欧洲的巴尔干半岛、亚洲的小亚细亚、叙利亚、巴勒斯坦、两河流域以及非洲的埃及等地，横跨欧、亚、非三大洲。拜占庭帝国地处东西方交通要道，经济较为发达，社会环境比西部相对安定，保持了国家机器的完整性，并逐步走向封建社会。

拜占庭的封建化的背景是频繁的对外战争。公元6世纪初，拜占庭在东西方几乎没有可以与其抗衡的竞争对手，从而导致其扩张野心的膨胀。查士丁尼当政时期（公元527 ~ 565年），拜占庭疯狂向西扩张，倾力举兵西进。公元533年，拜占庭帝国的铁蹄踏进汪达尔王国。公元535年，又移兵意大利，向东哥特王国进攻，受到东哥特人民的奋力抵抗。拜占庭军队在意大利艰难作战20年，终将东哥特王国消灭，但自己也损失惨重。东哥特的战事还没有结束，拜占庭大军又踏上远征西班牙的西哥特王国的征程，并将西班牙东南部以及科西嘉岛、撒丁岛和巴利阿里群岛占领。至此，查士丁尼的西征才算结束。

为了提高军队的战斗力，公元610年建立的希拉克略王朝开始将其从前曾在局部地区实行过的军区制在整个帝国推行起来。帝国将土地作为军饷，按照军种和级别颁发给各级官兵。士兵定居在其部队驻守的地区，平时经营田产，以土地经营所得装备自己。军区制将本国公民作为军队的主要来源，在全国范围内建立起一整套军事化体制。

军区制的实行，有着深远的历史影响。首先，它使拜占庭国家拥有了充足而稳定的兵源。其次，在战争不断和自然灾害频繁的情况下，军区制为小农的复兴创造了条件。军区制的成功推行，使拜占庭稳定了以巴尔干半岛为中心的疆域，同时使已经进入巴尔干半岛的斯拉夫人臣服，成为拜占庭的臣民。除此之外，拜占庭还因此打垮了阿瓦尔人，击败了波斯人，并将阿拉伯人的扩张势头阻止在小亚细亚和东地中海一带。可以说，军区制的推行为拜占庭此后数百年的强盛奠定了坚实的基础。

另外，军区制的推行也为军事大地产阶层和贵族势力的崛起创造了条件，为拜占庭封建化开辟了道路。各军区的将军和中央

查士丁尼大帝及廷臣
这是拜占庭时期最著名的镶嵌画之一，描绘的是查士丁尼大帝在大主教的陪伴下主持教堂奉献礼的情景。

政府的一些高级官职，由于各种原因，逐渐变成世袭，这样就形成了军事贵族阶层。军区的将军们握有对农民的管理、调动大权和征税权，极易将小农牢牢地控制在自己手中。他们的兴起对小农阶层构成了巨大的威胁，到公元 11 世纪末，拜占庭的小农几乎不复存在。科穆宁王朝（1081 ~ 1185 年）时期，军区制被监领地制所取代，按规定，自由农民成了依附农，拜占庭的封建化自此宣告完成。

封建化的完成，加强了拜占庭的国力，但它长期发展的结果，却是地方割据势力的膨胀，这就导致了帝国力量的削弱。至 12 世纪末，已无力抵抗塞尔柱突厥人入侵的拜占庭人，不得不向罗马教皇发出求救信，由此引发了一场长达近 200 年的西方封建主对东方的掠夺战争——十字军东侵。这场漫无天日的浩劫，使拜占庭帝国元气大伤。此后，拜占庭帝国虽然恢复了帝位，但只能偏安于君士坦丁堡，拜占庭帝国从此彻底退出了历史舞台。

延续了千年之久的拜占庭帝国的对外影响主要体现在文化扩张方面，特别是对东正教的传播上。通过这种方式，拜占庭将其文化和政治模式传播给了东欧的斯拉夫人。所以有的人说："拜占庭对东方的斯拉夫世界来说，犹如罗马对西方的日耳曼世界一般。"

·拜占庭战术·

在历史上，虽然拜占庭曾出现过几次中兴，但在四周的强敌压境的情况下长期处于守势。在军事上，拜占庭奉行防御战略，尽可能避免战争。整个国家划分为几个军区，一旦外敌来犯，他们会坚守，并不反击，然后等待附近军区的援军增援后将敌人赶走。拜占庭军队通常将敌人逼到坚固的山口和渡口，然后利用有利地形协调进攻，击败敌人。拜占庭陆军的骨干力量是名将贝利撒留创建的"铁甲骑兵"。这支骑兵博众家之长，既装备了西欧人的重甲和长矛，又使用波斯人的弓箭。在战场上，这支骑兵和步兵联合作战，能够进行复杂的队形变换。另外，富裕的拜占庭人还花费大量的金钱组建雇佣军来保卫他们的国土。拜占庭的海军不仅数量众多，而且拥有一种神秘武器：希腊火。凭借这种神秘武器，拜占庭曾多次击败敌人的舰队。有时，拜占庭人也会根据对手的不同情况主动发起进攻。在春天和冬天，他们进攻斯拉夫人；在寒冷和阴雨天气，他们进攻波斯人。

意大利城市共和国

查理曼帝国分裂后，意大利被罗退尔所统治。公元 855 年罗退尔去世之后，意大利从此便陷入了长达 10 个世纪之久的政治纷争之中，在 1861 年之前，一直没有得到统一，甚至连名义上的中央政权都没有产生过。

公元 7 ~ 8 世纪时，意大利的手工业与农业分工就已开始了。到公元 9 ~ 10 世纪，许多地方出现了定期集市。罗马时代的旧城也非常活跃，逐渐成为工商业的中心。在伦巴底和托斯坎纳出现的一系列新兴城市，开始与东地中海沿岸各国发展贸易往来，从而得到东方贵重的货币资本，并将这些资金及时地投入到手工业、商业和银行业中。手工业生产因此日趋发达，分工也日趋细密。银行业的发达，

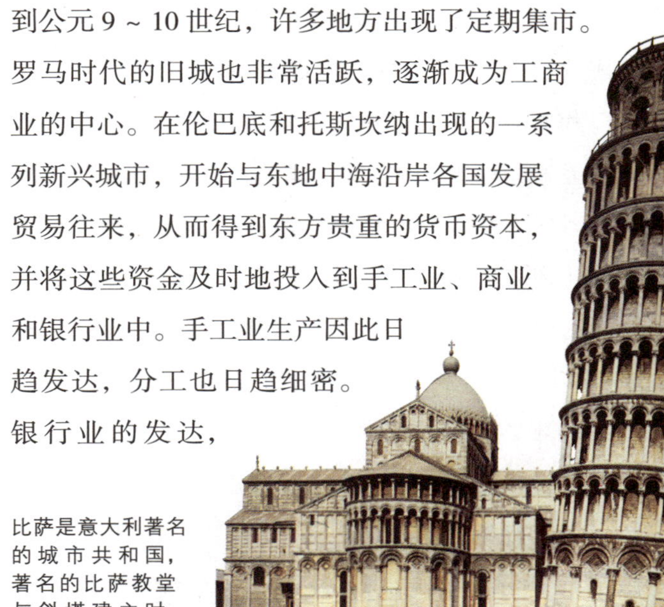

比萨是意大利著名的城市共和国，著名的比萨教堂与斜塔建立时，比萨城贸易兴隆，与近东地区交往密切。

使意大利一些城市的货币在国际市场上大量流通。

富裕起来的意大利城市为捍卫自身的利益、取消封建义务、铲除发展工商业的障碍，与统治它们的教俗封建主展开了激烈斗争。通过斗争，它们不仅获得了对城市的统治权，而且逐渐控制了周围的广大地区，形成了一些城市国家。

城市国家统治权所达到的地方，那里的封建贵族和农民也都随之变成了城市国家的公民。城市国家所辖地区，甚至包括许多小市镇和众多农村。

意大利城市国家在政体上与欧洲其他封建国家截然不同。欧洲大陆当时盛行君主政体，而意大利城市国家却实行共和政体。国家行政机构起初是全体成员大会和地方执政官会议，后来由选举产生的委员组成议会取代了原来庞大的全体成员大会，由其决定立法、宣战、媾和等城市国家的重大事项。执政官虽由市民选举产生，但一般为显贵家族所垄断。在执政官之下设立各种委员会，各个城市所设有所不同，各城市的统治权大多为贵族和富商所掌握。当时，意大利著名的城市共和国有威尼斯、佛罗伦萨、热那亚和比萨等，它们都是意大利从事航海和工商业的城市共和国，威尼斯更为突出。威尼斯是世界著名的水上城市，在长约3.2千米、宽约1.6千米的群岛和泥滩上逐渐形成最初的城市，公元9世纪40年代，成为独立的城市共和国。至15世纪时，威尼斯发展成一个包括克里特岛、塞浦路斯岛和爱琴海众多岛屿在内的广阔的海上大帝国，显赫一时。15世纪末年，欧洲新航线开辟以后，大西洋沿岸成为商业重心，威尼斯城市共和国逐渐走向衰落。

贞观之治

唐太宗在位23年，其年号是贞观。唐太宗非常重视历史的经验教训，他说过："以史为镜，可以知兴亡。"既而认识到历史上周、秦统治时间的长短取决于统治者本身所实行的政策，周因"惟善是务，积功素德"，所以持久；秦因"恣其奢淫，好行刑罚"，故而短暂。于是，他就从政治、经济等各方面采取各种措施，励精图治，走上富国强民的道路。

镶嵌螺钿莲花葵花镜　唐

唐太宗认为，首先应解决百姓的问题。解决百姓的问题，主要是发展生产，休养生息。他曾下诏停修劳民伤财的洛阳乾元殿，并且表示："后日或以事至洛阳，虽露居亦无伤也。"为了不误农时，他把太子举行冠礼的日子由二月推迟至十月。当时有人提出"用二月为胜"，太宗明确地表示反对说："农时甚要，不可暂失。"另外，他还尽量减轻百姓负担，反对竭泽而渔。贞观元年（公元627年），山东大旱，太宗下令减免当年租赋。贞观二年（公元628年），关中出现旱灾，老百姓有卖子为生者，他命御府出金帛帮他们赎回儿女。贞观三年（公元 629 年），免关中二年租税，关东给复一年。此外，他颁布诏书，释放宫女、纵放鹰犬、提倡节俭、淳厚民风、轻徭薄赋，从而缓和了各种社会矛盾，创造一种安全的社会环境，发展了生产，巩固了政权。

唐太宗是一个善于采纳大家意见、明辨是非、择善而从的君主，而且他还能举贤任能，量才适用。只要是有才干的人，不论贵贱，不论从前跟随的是何人，均为其所用。谋臣魏徵原是太子李建成的人，李建成死后被唐太宗视为左膀右臂。魏徵直言敢谏，即使引起太宗大怒也毫不退让。魏徵病逝后，太宗痛哭着说："以铜为镜，可以正衣冠；以史为镜，可以知兴替；以人为镜，可以知得失。魏徵没，朕亡一镜矣。"

在对外关系上，唐太宗采取积极防御策略，以抵抗北方突厥族的不断侵扰。贞观三年（公元 629 年），唐太宗派李靖、李勣率军十几万，分道出击，消灭了东突厥，俘获颉利可汗。贞观八年（公元 634 年），又遣大军进攻吐谷浑，大获全胜，解除了对河西各州的威胁。平定东突厥之后，唐太宗采取广设羁縻州府、安置降众的政策，不仅消除了边患，而且缓和了民族矛盾。唐太宗还派遣文成公主与吐蕃和亲。

此外，他还审察建立新的法令，反对严刑峻法，要求它相对的稳定，认为"法令数变，则吏得为奸"，这样就给了贪官污吏以可乘之机。

唐太宗从经济、政治、民族关系等各方面采取积极的政策，促进了经济的发展，政治的安定，民族关系的改善，从而使社会出现了一个安定祥和的环境，史称"贞观之治"。

朝鲜半岛的统一

早在公元前 4 世纪至前 3 世纪，朝鲜半岛北部就出现过一个古朝鲜。公元前 194 年，燕人卫满灭古朝鲜建立卫氏朝鲜。公元前 108 年，汉武帝灭卫氏朝鲜，在该地区设置了乐浪、玄菟、临屯、真番四郡，并派驻太守进行统治。公元 3 世纪初期，东汉王朝灭亡，中国东北一个边疆少数民族政权高句丽兴起，并于公元 4 世纪初灭了乐浪郡，在其北与中原王朝展开领土之争，在其南与百济、新罗长期争战不休，形成朝鲜历史上的“三国时代”。在这个时期，当高句丽和百济争雄时，地处朝鲜半岛东南一隅的新罗乘机与隋、唐王朝媾和。因此当高句丽与百济发现新罗已构成对他们的威胁时，便联合向其展开进攻。新罗于是求助于当时的唐朝，在唐朝的协助下，公元 676 年新罗完成了朝鲜半岛的

·田柴科颁行·

公元 976 年，高丽王朝将全国可耕地和山林进行登记，将部分土地和山林按等级分给文武官吏和府兵。文武百官按“人品”（身份）分为 79 品，给予田柴（田为耕地，柴指烧柴林）。国家把土地的收税权授予受田者，只限当代，不得世袭。后又颁布了公廨田柴制度，国家各机关都分得土地收税权，用作行政经费。田柴科的颁行确立了高丽王朝对全国土地的支配权，成为专制集权国家体制有力的物质基础。

统一。

朝鲜半岛统一后，类似于中国的封建制度便很快建立起来。他们首先形成了土地国有制，公元687年又颁布实寿禄邑制，由国家对文武官员授予一定数量的收租地作为禄邑。这一制度的实行，导致了土地兼并的发展。于是，公元722年，开始推行丁田制，对15岁以上的男性公民一律授予一定数量的土地，分为口分田和永业田，前者限于本人终身享用，不得买卖或转让；后者，可以世袭。农民因此而被附着于土地上，成为缴纳田租、贡品和担负各种徭役的国家依附民。封建土地制度在全国确立起来后，为适应封建制度的需要，新罗还参照唐朝的政治制度，建立起了一套比较完善的中央集权的国家体制。

新罗末年，国势衰微，农民起义连绵不断，地方封建势力割据。公元918年，弓裔部将王建夺得政权，改国号高丽，建立高丽王朝，定都开京。公元936年，重新统一朝鲜半岛。高丽王朝实行中央集权制，公元976年，实行田柴科制，即按不同等级分赐土地，以加强中央集权。并设有一套完整的官僚机构，中央掌握着一支强大常备军。10世纪末和11世纪末3次击退契丹入侵，捍卫了国家独立。12世纪为高丽最强盛时期，政治稳定，经济、文化高度繁荣。12世纪后期起土地兼并重新盛行，田柴科制被废除，爆发了席卷全国的农民大起义。1258年投降蒙古，蒙古于1280年在高丽设立征东行省。1368年明朝推翻蒙古贵族统治，有力地支援了高丽人民争取独立的斗争。1392年高丽王朝大将李成桂发动政变，废高丽末王，改国号为朝鲜，建立李姓王朝（1392 ~ 1910年）。

日本的幕府统治

日本是个群岛国家，位于太平洋西侧，其领土由北海道、本州、四国、九州四大岛和许多小岛组成，与亚洲大陆隔海相望。

大约五六千年以前，日本出现新石器文化，因其代表性文物为手制的带有绳形纹饰的黑色陶器，故又被称为“绳纹文化”。公元前1世纪，日本的西部发展出一种称作“弥生文化”的新文化，其代表性文物为轮制的褐色陶器。公元2世纪时，奴隶制国家邪马台国在九州北部出现。至公元3世纪时，日本进入小国并立的割据时代。

圣德太子

日本的封建制

·日本神道与天皇制·

日本神道起源于日本先民的自然崇拜。自然物如山川、草木、鸟兽被赋予了神性，形成原始的日本神道。对太阳的崇拜逐渐演化成对“日照大神”的崇敬，太阳也成了日本国民精神的象征。古神道理论认为，宇宙由诸神居住的上天和包含神灵出生的八大洲，即日本人生息地和草原国，以及恶鬼生活的地下构成。到公元3世纪至6世纪期间，日本形成八色之姓，日本天皇的威势等同于“真人”，是神的化身，朝礼天皇祖先“御灵”也等于朝礼“八百万神”。这也形成了日本历史上的天皇制度。在《日本书纪》和《古事记》中，有由太阳崇拜发展而来的融合了中国宗教神话和比附天皇谱系的神话，即“天皇开国”的记载。到公元8世纪，天皇制终于定型确立。明治维新期间，神道成为国家神道，日本亦演变成“神国”，神道成为维护万世一系的天皇统治和万邦一体的天皇国体的理论依据。同时，明治政府也强调“祭政一致”，将国家神道分为“官社和民社”，官社神职人员由皇族充任，后者则是民间组织。1879年，日本靖国神社建立，祭祀阵亡将士，有关经费由政府拨给。日本侵略朝鲜和东南亚后，也先后建立了朝鲜神社、昭南神社等。1940年，日本天皇在异域采用了“神武纪年2600年”这一概念，“圣战”也成了美化侵略战争的借口。日本投降后，在各国的压力下取消了“神祇院”。国家与神道分裂。

度是在中国唐朝的影响下建立起来的，但在以后的发展过程中却又表现出许多类似欧洲封建制度的特点，走上与中国截然不同的道路。

公元5世纪时，兴起于本州中部的奴隶制国家大和统一了日本。大和在与中国的交往过程中，逐渐建立起自己的封建制度。

起初，大和通过朝鲜与中国保持着间接的接触。后来，推古女皇（公元 592 ~ 628 年在位）于公元 593 年立厩户皇子为太子（即圣德太子，公元 574 ~ 622 年），随之将国家管理大权交给他，于是太子开始推行一系列改革措施。这些改革中最重要的一条就是建立了与中国隋王朝的直接联系，派遣留学生到中国学习先进的文化，这为日本后来的发展奠定了基础。公元 645 年，深受留唐学生影响的中大兄和中臣镰足发动政变，消灭了专横跋扈的苏我氏势力，推举孝德天皇即位，建年号大化。公元 646 年，孝德天皇正式颁布改革诏书。因这场改革开始于大化年间，所以史称“大化革新”。

大化革新的主要内容有：第一，在政治上将贵族的官职世袭特权废除，建立中央集权的国家制度。第二，在经济上废除部民制，实行国民户籍制和土地国有制。第三，实行班田收授法，推行租庸调制。大化革新确立了以封建土地国有制为基础、以天皇为中心的中央集权政治体制。这种改革虽然使日本走向富强，但也留下了瓦解这一制度的因素。主要原因如下：其一，班田农民负担过重，不堪忍受。其二，它没有从根本上消除土地私有制。到公元 8 世纪末，班田制便近废弛，日本就出现了类似西欧封建社会的庄园和武士阶层，走上

大化革新时所绘制的地产地图

了不同于中国封建社会模式的发展道路。

地方豪强为了保护自己的庄园，在血缘关系和主从制的基础上，将自己家族和仆从中的青壮年武装起来，成为武士。11世纪，无数分散的武士逐渐形成地域性的武士集团，其中最强大的关东源氏和关西平氏集团之间发生了激烈的武装冲突。1185年，源氏打败平氏取得中央政权。1192年，源赖朝被任命为“征夷大将军”，在镰仓建立幕府（1192～1333年），表面上尊重天皇统治，实际上已是天皇之外的新政府。从此，日本进入军事封建贵族专政时期（1192～1868年）。

镰仓幕府建立了以幕府将军为首的中央集权统治体制。幕府在中央设政所、侍所和问注所，分管全国的政治、军事和司法大权。而在地方上，幕府将军派武士担任守护和地头。1336年，足利尊氏自任“征夷大将军”，建立起日本历史上的室町幕府（1336～1573年），室町幕府时期战乱不断。战国时期（1467～1573年），各守护大名之间更是混战不休，一些在地方上拥有实权的幕府中下级武士和国人领主，趁机扩充各自的武装力量，形成了独立于幕府体制之外的大封建主（即战国大名）。战国大名采取“富国强民”的政策，励精图治，积极发展经济，渐渐发展成一股统一的力量。1573年，尾张国大名织田信长战败36个战国大名后进入京都，推翻了室町幕府的统治。1590年，织田信长的部将丰臣秀吉，完成了全国的政治统一。1603年，丰臣秀吉的部将德川家康任“征夷大将军”，在江户（今日本东京）设幕府，这便是日本历史上著名的江户幕府（亦称德川幕府，1603～1868年）。

中世纪的城市自治

中古初期，西欧城市的外貌就像一座堡垒，其目的是为了防御敌人进攻。城市通常不大，人口也不多，但住得非常拥挤。市场是一块较大的空地，往往位于城市的中心。市场四周是市议会、店铺、回廊和各种摊子。居住在城市里的主要是手工业者。

在公元5世纪西罗马帝国灭亡后相当长的时期内，西欧几乎没有城市。后来，由于生产力的发展，手工业从农业中分离出来，手工业者时常到市场出售自己的制品。他们总是到那些水陆交通

这幅15世纪的微型画，记录了弗兰德尔公社接到城市特许状时的情景。

弗兰德尔商人获得了城市特许状，图中文献为“约翰五大宪章”，它授予伦敦市民选举市长的权利。

比较方便、人口聚居较多的地方赶集，流动的商人也带着外地产品到集市上来贩卖。后来，手工业者就来这里开设作坊，商人们也定居下来开设商店。于是，这些集市便渐渐发展成为城市。在西欧，这种以工商业为中心的城市，是在公元10世纪以后才兴起的。

大批不堪忍受领主剥削压迫的农奴和处于农奴地位的手工业者，从农村逃亡到城市定居，从而使城市日益发展。但城市里的手工业者，仍然是城市领地所属的领主的农奴，他们还得向领主交纳赋税。

为了获得城市自主权，欧洲很多城市与领主甚至国王开展斗争，典型的有法国琅城起义。1108年，法国东北部的琅城人民用大量的金钱向城市领主琅城主教购买了城市自治权，同时也用重金向法国国王路易六世购得了城市自治特许权。但不久，琅城主教撤销约定，收回城市自治权，而国王也在接受了琅城主教的贿赂之后撤销了先前颁发的特许状。琅城人民义愤填膺，遂于1112年发动了大规模起义，将主教处死并打败了国王的军队。法国国王被迫再次给琅城人民颁发了城市自治特许状。欧洲城市经过近百年的斗争，终于获得了独立，有了自治权，市民变成了自由的人。一个农奴，只要在城市里住上一年零一天，就可取得自由。在城市里，他们成立了市议会，选举出市长和法官，铸造货币，

·手工业行会·

中世纪西欧城市里手工业者为保护自身利益按不同行业建立的封建性组织，最早出现于10世纪的意大利。11～12世纪，法、德、英等国的城市纷纷兴起，普遍产生行会。初期的手工业生产规模狭小，市场有限，再加上社会秩序动荡不安，很难正常进行。为抵抗封建主的欺凌，避免行业内部和外来者的竞争，生产者便组成行会。行会初期在保卫城市、保卫手工业生产和促进生产经验、生产技术的积累上，起了积极的作用。行会的全权会员是本行业的作坊主，称师傅。学徒和帮工协助师傅生产，学徒可依次升为帮工和师傅。14世纪末起，随着生产的发展和市场的扩大，行会变成生产发展的障碍。它极力反对扩大再生产，限制技术革新和使用新设备，阻挠学徒、帮工的晋升，成为少数人把持的保守组织。学徒逐渐沦为雇佣工人，少数师傅成了资本家。

德意志奥格斯堡的各种徽章，它们分别代表着当时各行的手工业者——面包师、裁缝和酿酒工（左起）。

并且组织统一的军队。

为了保障自己的利益，同一行业的手工业者就结成行会。每个手工业者必须隶属于一个行业，每个行会选举自己的首领，设立自己的会场。行会规定，所属成员不得制造粗劣的产品，不得囤积大量原料，不得雇用超过规定的帮工和学徒，尽力避免相互的竞争。行会同时又是军事组织，担负着防守城市的任务。

商业活动日趋繁荣，各国和各城市的商人都互相往来赶集，他们随身带来了许多货物和钱币。由于每个领主和城市铸造的钱币在名称、成色和重量上各不相同，所以一切银钱交易都需要严格审查它的兑换价值；再加上长途搬运大量的银币和铜币既不方便也很危险，所以，商人在自己的城市里将钱币交给兑换人，取得兑换人的凭据，再凭这张凭据，在另一个城市里兑取当地的货币。这样，就出现了兑换商的行业，而这种凭据，就是所谓“汇票”。有时商人也可以向兑换人借钱，由借钱人出具一张有归还期限的票据，到期偿付借款和利息。这样，银行也就在城市里应运而生。

城市的出现孕育了世俗文化，反映市民心态的城市文学也逐渐产生，各种大学也纷纷建立。城市文化的兴起为文艺复兴的出现打下了基础。

封建主因为需要购买城市的手工业品和从东方运来的奢侈品，迫切需要货币。于是他们开始把劳役和实物地租改为货币地租。大多数农民因为担负沉重的货币地租而经常负债，境况更加恶化。从 14 世纪起，西欧各国不断发生规模巨大的农民起义，城市里的平民也广泛开展摆脱领主束缚的斗争。

中世纪的庄园生活

在中世纪的西欧各国庄园中，法国的庄园最有代表性。那时，国王、各级封建主和教会的领地都划分为许多庄园，遍布全国各地。庄园大小不等，通常由一个或几个村庄组成，庄园的生产目的主要是为领主及其侍从提供生活资料，同时为农奴制农民提供生活必需品。

查理大帝统治时期，自由农民大量破产，农村公社基本消失，代之而起的是封建庄园。庄园的全部土地属于封建主，而耕地通常分成两种：一种是封建主的自营地，由封建主的管

这幅插图选自12世纪供见习修女阅读的《少女宝鉴》手稿，描绘了庄园农奴在收获季节辛苦劳作的场面。

这幅弗兰德尔绘画反映了典型的庄园生活，庄园主正和他的总管商量收获葡萄，农民则锄地、采果实、修枝等。农民们不光种地，还有法定义务必须从事劳役，建桥、修路，即使交钱也不能免除。农民的居住条件也很差，家中没有床，更无任何娱乐活动，生活是单调且一成不变的。中世纪庄园并非理想的经济方式，其经济形态十分封闭，人们生活水平程度只供维持生存，且是进步缓慢的生产单位。庄园就是一个社会，是集政治、宗教、军事、经济等多种功能综合在一起的社会。每个庄园都有自己的法庭、军队和行政管理制度，国王也无权过问，庄园主就是这块领土的主人，在这块土地上拥有完全的权力。随着城市经济的出现和国家权威的再现，庄园制经济便逐渐衰弱下去。

家监督农奴耕作；另一种是农奴的份地，由封建主派给各个农奴家庭使用。农奴死后其儿孙如果继续耕种，则必须向封建主缴纳继承金。庄园里有教堂、堡垒、仓库以及封建主和农奴的住房。农民生产是为满足自己家庭生活的需要和为封建主提供消费资料，不是为了交换，是自给自足的自然经济。需要购买的东西不多，只有盐、铁和少量香料。

英国的封建庄园制度，形成于 10 ~ 11 世纪之间。教俗贵族的侵夺、丹麦人的袭扰和贡税负担的加重，造成了大批自由农民的破产。

为了筹集对丹麦人作战的军费，从阿尔弗烈德时期开始偶尔征收的丹麦金，到其后继者时期几乎变成了常税。沉重的负担使自由农民纷纷破产，土地并入封建主之手，封建庄园在英国各地就这样出现了。

在西欧庄园制度下，农奴的生活比较有保障。以英国为例，13 ~ 14 世纪时，全国每户农奴大约平均拥有 22 ~ 26 只羊。此外，农奴已不同于奴隶，他们在政治上已具有一定的权利和地位。

在庄园内，农奴除了耕种自己的份地外，领主还要求农奴履行季节性极强的劳役即布恩工，但这要在领主或其总官向农奴发出“邀请”并按规定提供酒饭的前提下方能进行。因为原则上农奴向领主提供布恩工是出于友爱，如同当农活吃紧时他们也要相互帮助一样。按毕晓普斯托恩、诺顿和登顿的惯例，佃农如果使用自己的犁履行两个犁地布恩工，在这两天中一天吃肉，另一天吃鱼，另外还有足量的啤酒。犁队中凡使用自己耕牛的人甚至可在领主家中用餐。所有承担割麦布恩工的人其午餐有汤、小麦面包、牛肉和奶酪，晚餐有面包、奶酪和啤酒。次日，他们将有汤、小麦面包、鱼、奶酪和啤酒。在午餐时，面包不限量，晚餐每人限用一条。

·封建等级制·

指封建主阶级内部按经济、政治地位划分为不同等级的制度，目的是协调封建主阶级的内部关系，维护封建统治其各个等级享有不同的特权。封建等级制是以土地的层层分封为纽带建立起来的。国王把大部分土地封给大封建主，如公爵、伯爵和侯爵，后者把部分土地封给中等封建主，如子爵和男爵，中等封建主再把土地封给最低的封建主骑士。上级是其下一级的封主，下级成员是上一级的封臣。天主教会也按照封建等级制分为教皇、大主教、主教、神甫、助祭和副助祭等不同的品位，各有不同级别的神权，即教阶制。占人口绝大多数的农民，完全被排斥在封建等级制之外。城市市民称第三等级，政治上也处于无权的状态。建立封主和封臣关系要举行隆重的仪式，称分封礼。封主要保护封臣，封臣必须效忠封主并履行相应的义务。

西欧农奴制度伴随庄园制度的确立而产生，但它的瓦解时间要早于庄园制度的瓦解。在英国，农奴制度在14世纪末期就已经不复存在了。农奴制度在英国的瓦解与14世纪末瓦特·泰勒农民起义有关，慑于农民起义的巨大威力，起义后英国许多封建主废除了劳役制度。英国农奴制瓦解的又一原因是商品经济的发展，商品经济的高速发展必然会侵蚀和最终摧毁封建农奴制度。

西欧各国农奴制度瓦解的时间不尽相同，法国农奴制度15世纪已基本上废除，而西班牙、德意志等地农奴制度存在时间较长，一直延续到资产阶级革命前夕。

成吉思汗的大漠帝国

蒙古族是中国北方的少数民族，最初在贝加尔湖东部和黑龙江上游一带，唐时称“蒙古室韦”，分为很多部落。

到了 12 世纪时，蒙古族人占据了大漠南北广阔的草原。当时

在骑马飞驰之际扭身射箭，蒙古猎手的灵活与火器使他们在欧亚战场上成了无敌的草原神兵。

成吉思汗像

的版图，东起贝加尔湖和黑龙江沿岸，西至额尔齐斯河和叶尼塞河上游，南抵万里长城，北达西伯利亚。蒙古的大多数部落住在草原地带，从事游牧；少数部落住在林区和河畔，以原始的渔猎为生。

12世纪后期，蒙古社会进入高速发展时期，开始经营农业，生产铁制工具，出现了私有制和阶级分化，氏族社会解体。一家一户的个体游牧取代了以氏族为单位的集体游牧方式。部落首领（汗）和贵族（那颜）拥有大量的牲畜和牧场。与此同时，各部落间的掠夺战争日趋频繁。无休止的战争、仇杀，使社会生产和人民生活遭到了严重破坏，上百个分散部落，在聚散兴衰中结为几个大的部落集团。

13世纪初，出生于乞颜孛儿只斤部的铁木真（1162 ~ 1227年）开始了统一蒙古草原的战争。从1200年到1207年的8年之中，他先后征服了塔塔儿、克烈、乃蛮和蔑儿乞部落，实现了蒙古各主要部落的统一。

1206年春，蒙古草原各部落首领在斡难河畔召开大会，会上推举铁木真为大汗，尊号"成吉思汗"，为"海洋""强盛"之意。这使世代饱受战乱之苦的蒙古草原各部落，过上了相对安定的生活，并逐渐融合为一个民族。

成吉思汗制定了一套完整的统治制度，将行政、军事和生产合为一体。他将居民分为十户、百户、千户和万户，分别由成吉思汗的亲属和开国功臣担任十户长、百户长、千户长和万户长，统一管辖。

分封制打破了氏族部落的血缘关系，按地域划分人口和行政建制，巩固了蒙古的统一，也使封建关系逐步建立起来。

成吉思汗还组建了一支直接归他指挥的常备军——护卫军，这是一支职守明确、制度严格、装备精良的队伍。全蒙古的青壮年男子，一律为兵，由各级长官统领，实行军政合一的制度，平时生产，战时作战。

1205年、1207年、1209年，蒙古3次向西夏进攻，西夏战败求和，向蒙古纳贡称臣。1218年蒙古灭掉西辽。

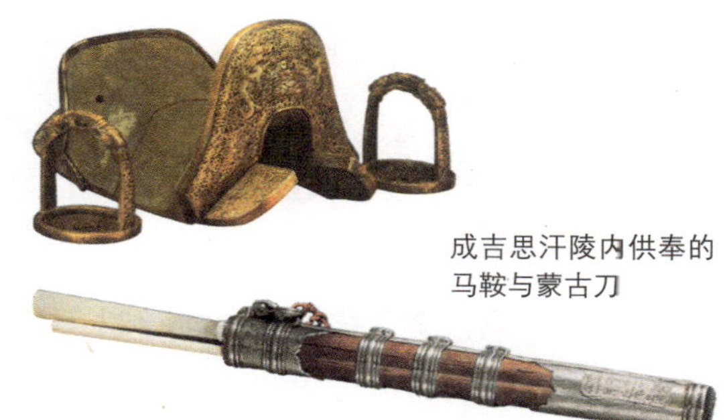

成吉思汗陵内供奉的马鞍与蒙古刀

随后，又进行了

在这幅波斯绘画中，展现了穿着铠甲的冲突双方交战的场面。

·马上的天下·

蒙古族迁徙、征战均依赖于马匹，马匹在他们的生活中有重要地位，因此蒙古族人被称为“马背上的民族”。他们知道马匹对自己的重要性，所以对其格外爱护。在速不台攻篾儿乞之前，成吉思汗就对他进行叮嘱“要爱惜乘马……平时行军……马辔也要摘掉，这样才能爱护战马”，如果有人违此命令，是熟人遣回，不认识的人斩首。成吉思汗对马匹的爱护超乎我们想象。同时，他们用各种织纹装饰马鞍，这样既显出自身的威严与地位，对马本身也起了保护作用。而且，在长期的生活和战争中，蒙古族积累了丰富驯养马匹的经验，并逐渐形成一套行之有效的规章制度，违者重罚。

这样就让他们的马匹永远矫健雄壮，才能让成吉思汗东征西战，雄跨欧亚。

3 次大规模西征。

1219 ~ 1225 年，成吉思汗亲率 20 万大军，进行第一次西征。当时中亚大国花剌子模国内部矛盾重重，封建主各据一方，不能协同作战。蒙古军队势如破竹，1222 年便灭掉了花剌子模，占领整个中亚。然后挥师北上，越过高加索山，进入顿河流域的草原地带，一举击败了当时的突厥人和俄罗斯王公联军，但在进攻伏尔加时，被保加利亚人打败。

1225 年，成吉思汗率兵经里海回到阔别近 6 年的故乡。

1227 年 7 月，成吉思汗在西夏病死，但蒙古秘不发丧，待西夏国王投降被处死后，才发丧北归，而立国近 200 年的西夏，也至此灭亡了。

德国的城市同盟

12 ~ 13 世纪，德意志城市发展迅猛，但城市发展到一定规模后，却又受到了种种限制。各地设立关卡，任意征税，加之许多无地骑士、强盗骑士团伙公开抢劫，这些都严重地阻碍了城市工商业的发展。为了保护自身的利益，一些城市联合起来，结成城市同盟。

城市同盟曾出现于德国的许多地区，其中最重要的是汉萨同盟。此外，还有莱茵同盟和士瓦本同盟。

繁忙的汉堡港口

把汉萨各港口与其他贸易中心联结起来的帆船，仅带着标有航向的沿海略图出海。

在拉丁语中，“汉萨”一词意为“商业公会或集团”。在 13 世纪，汉萨同盟开始萌芽，是一个以从事贸易为目的的松散的商业联盟。汉萨同盟自 14 世纪中叶起进入鼎盛时期，最多时曾联合了 200 多个北欧城市，它们东起波罗的海东南岸，西到尼德兰的广大地区。同盟的最高权力机关每 3 年召集一次代表会议，第一次同盟会议召开于 1363 年。按规定，入盟城市必须派 1 ~ 2 名本市议会的议员作为代表出席会议。会议决议由代表投票表决，决议具有法律效力，全体成员城市必须遵守，对违反决议的城市的处罚一般是勒令出盟。汉萨同盟没有常设管理机构，也没有共同的金库和常备军，作战所需军事力量是临时集结的各城市的陆海军。

1363 ~ 1370 年，汉萨同盟曾和瑞典等国结盟，大败丹麦国王瓦尔德马四世，迫使其缔结斯特拉尔松和约。丹麦被迫承认了汉萨同盟在波罗的海和北海地区的贸易特权，同时丹麦也可以在松

奥格斯堡是一个行会中心。1368 年，六家行会的代表被选出组成市政会。图中显示，新成员在市政厅的会场就职。

德海峡从事渔业捕捞。

汉萨同盟的商业贸易范围南达英格兰，北至波罗的海沿岸诸国。同盟在海外贸易的中心城市设有商站，比较重要的有伦敦、布鲁日、卑尔根、维斯比和诺夫哥罗德等城市的商站，每个商站还在附近城市设若干分站。商站享有治外法权，它们可以不执行当地的法律，管理和运营按照同盟的法规进行。

15 世纪中叶以后，汉萨同盟逐渐走向衰落。衰落的原因主要有三个：一是欧洲各中央集权民族国家相继形成后限制其在本国的活动；二是新航路开辟后欧洲的商业重心发生了重大南移；三是同盟内部各集团间的矛盾日趋加深，窝里斗现象十分严重。1494 年，莫斯科大公伊凡三世首先把北德商人逐出诺夫哥罗德，并关闭汉萨同盟在该城的贸易商站。

新航路开辟后，欧洲的商业重心转到了大西洋沿岸各城市，尼德兰和英国的城市迅速崛起，它们的经济实力逐渐超过了汉萨同盟。

至 1500 年，荷兰人在波罗的海的船只总数已大大地超过了汉萨同盟。

北德城市此后再也无力与荷兰竞争，北海和波罗的海的商业特权由此丧失。16 世纪末，汉萨同盟的影响已不复存在。

1669 年，汉萨同盟正式宣布解散。

莱茵和士瓦本同盟在德国历史上也曾有过重要影响。莱茵同盟创建于 1254 年，与汉萨同盟不同，它拥有同盟武装和舰队。他们要求有统一的君权，取消关卡和关税壁垒。参加莱茵同盟的城市有 50 个之多，后来由于城市与诸侯的矛盾趋于缓和，同盟

·神圣罗马帝国·

10世纪中叶，德国萨克森王朝国王奥托一世力图利用教会势力抑制大封建主，加强王权。961年，罗马内部发生冲突，奥托应一派之请带领大批人马侵入意大利，并控制了教皇。962年2月，教皇为奥托加冕，称奥古斯都，奠定神圣罗马帝国的基础。1154年，德皇腓特烈一世攻陷罗马，帮助教皇镇压罗马共和国。教皇感恩，为腓特烈加冕，称其为“神圣罗马帝国”皇帝，正式在罗马帝国名称之前冠以“神圣”二字。帝国的疆土以德国和意大利的中、北部为主，有时包括瑞士、尼德兰、捷克和法国的勃艮第、普罗旺斯。13世纪末，皇权开始衰落。1806年7月，莱茵地区在法国大革命的影响下成立“莱茵同盟”，宣布独立，这是对帝国的沉重打击。同年8月，神圣罗马帝国最后一位皇帝弗朗西斯二世在拿破仑的强迫下退位，帝国灭亡。

在1257年曾一度解散。14世纪后半期又因情况发生变化而重建。1381年，莱茵同盟与士瓦本同盟合并。1388年，合并后的同盟被诸侯军队击败，以后便一蹶不振，1450年宣布解体。

士瓦本同盟始建于1331年，最初参加同盟的为士瓦本地区的14个帝国自由城市，如乌尔姆、康斯坦茨、奥格斯堡等。与莱茵同盟一样，它也曾一度解散，1376年重建。1377年，在罗伊特林根战胜符腾堡伯爵乌尔利希后，同盟气势大盛，士瓦本地区其他城市纷纷入盟。1381年与莱茵同盟合并，扩大吸收了巴伐利亚和法兰克尼亚的部分城市，同盟成员最多时高达80多个。1388年，同盟被神圣罗马帝国皇帝、诸侯及骑士组成的联军击溃，1389年宣告解散。

蒙古帝国

1235年夏，成吉思汗的儿子窝阔台召开忽里勒台大会，决定遵从成吉思汗遗训，扩展疆土。他命令由各族宗王长子或长孙率兵西征，万户以下各级那颜也派长子出征。窝阔台又以大将速不台为先锋，长子术赤拔都为统帅，率领全军西征。

窝阔台汗八年（1236年），蒙古军进至伏尔加河（旧称也的里河）中游，将钦察诸部征服，钦察酋长八赤蛮被蒙哥擒获。次年冬，西征军沿伏尔加河北上，先后征服了俄罗斯本土和基辅。至此，蒙古远征军统治了俄罗斯全境。随着，蒙古军又开始征伐波兰，攻打捷克（旧名波希米亚）、匈牙利（旧名马札儿），直至奥地利与德国边境。在占领了亚得里

蒙古人攻城图　伊朗　志费尼

志费尼所著《世界征服者史》中收录多幅绘画，反映蒙古人即位、朝觐、征战等情形。图为其中的《蒙古军攻城图》，描绘了蒙古军在中亚进攻城市的情形。

亚海东岸、塞尔维亚和保加利亚领土后，国内传来窝阔台去世的消息，蒙古军东返钦察草原。1243 年，拔都在伏尔加河下游建立了钦察汗国（1243 ~ 1480 年），又称“金帐汗国”。

1248 年窝阔台之子贵由死，旭烈兀联合拔都等人积极拥戴其长兄蒙哥，使蒙哥在 1251 年诸王公大会上夺得大汗之位。蒙哥坐稳大汗之位后，便积极筹划进一步扩张，旭烈兀成为西征大军的统帅。1252 ~ 1259 年，旭烈兀率兵进行了第三次西征。这次西征的目的是征服波斯。诸王从所属军队中每 10 人签调 2 人组成西征军。

·蒙古轻骑兵·

蒙古军队的主力是骑兵，而骑兵中轻骑兵又占大多数。蒙古骑兵在三四岁的时候就开始进行严格的骑马射箭训练，所以他们每个人都骑术高超、射箭精准。他们的武器有弓箭、马刀、长矛、狼牙棒、短斧，其中最主要的是弓箭。蒙古族人以骑射闻名天下，他们的弓箭需要大约 80 千克的力量才能拉开，射程很远。蒙古族人的箭有两种：一种箭头小而尖，较轻，用于远射，杀伤力小；另一种箭头大而宽，较重，用于近战，杀伤力大。蒙古骑兵早期的铠甲是皮革甲，如鲛鱼皮甲、翎根甲，后来的铠甲变为外层是铁甲，内层是牛皮，又变为罗圈甲、鱼鳞甲和柳叶甲。在行军作战时，蒙古骑兵们一般都带好几匹马，这些马都跟在部队后面。当所乘的战马筋疲力尽时，骑兵们就会立即换乘另一匹马，继续进行战斗。他们的任务主要是侦察掩护，骚扰疲惫敌人，为重骑兵提供火力支援，跟踪追击，肃清残敌。

蒙哥汗六年（1256 年），旭烈兀领西征军渡阿姆河，进入波斯境内。11 月，将木剌夷平定。接着，蒙军开始攻打报达（巴格达），至蒙哥汗八年（1258 年）二月，报达城破，哈里发及其长子被杀害，阿拔斯朝第三十七代至此亡国。1260 年，旭烈兀率蒙古军队继续西进时，在攻下大马士革之后，被埃及、苏丹军队挫败，西进中止。1264 年，大汗忽必烈（1260 ~ 1294 年在位）正式册封旭烈兀为伊儿汗，旭烈兀遂在其征服的伊朗、阿富汗、两河流域和中亚阿姆河西南地区建立了伊儿汗国。

元太宗窝阔台像

蒙古通过 3 次西征，占领了中亚细亚、西南亚及东欧大片土地，并在征服地区建立起钦察汗国、伊儿汗国、察合台汗国和窝阔台汗国，合称“蒙古帝国四大汗国”，名义上均臣属于帝国本部的大汗政权。

1227 年，蒙古灭亡西夏后，解除了后顾之忧，遂进一步扩大对金战争。窝阔台继汗位后，采取联宋灭金政策。1233 年，蒙古军攻克汴京，金哀宗出逃蔡州（今河南汝南）。1234 年，南宋与蒙古联合攻入蔡州，金王朝灭亡。随后，蒙古军队占领黄河流域的广大地区，隔淮水与南宋为邻。

1251 年，蒙哥汗继位，派他的弟弟忽必烈向川滇进军，对南宋形成包围之势。1252 ~ 1255 年，忽必烈灭大理，1254 年招降吐蕃诸部，控制了整个西南地区。不久，蒙古军兵分 3 路，向南宋进攻。1259年，蒙哥汗病死于军中，忽必烈继汗位，建元“中统”，迁都燕京，称大都（今北京）。1271年，改国号元朝。1273年，忽必烈发动了最后灭亡南宋的战争，他亲率20万大军，分水、陆两路南下。南宋政权无力抵抗，1276年宋都临安（今浙江杭州）沦陷。1279年，南宋左丞相陆秀夫背负幼主赵昺投入大海，南宋遂亡。

南宋的灭亡，使蒙古族人建立了元朝，它结束了唐末以来分裂割据和几个政权并立的政治局面，奠定了元、明、清六百多年国家长期统一的政治局面；促进了国内各族人民之间经济文化的交流和边疆地区的开发，进一步促进了统一的多民族国家的巩固和发展。元朝的统一，还加强了中外文化交流和中西交通的发展。震惊世界的西征，给被征服地区的人民造成了巨大的灾难，无数的社会财富被掠夺，无数的生命惨遭杀戮，生产力遭到极大的破坏。但蒙古军西征，在客观上冲破了长期以来各国之间相互隔绝的状态，促进了东西方经济、文化的交流。

蒙古汗国在崛起几十年后，被成吉思汗及其后继者创建成为历史上疆域最大的帝国，它的版图几乎囊括了整个亚洲和大部分欧洲。

多瑙河上的战斗
图中戴头盔的匈牙利人试图阻挡轻装上阵、以强弓为武器的蒙古军过河，1241～1242年间，成吉思汗的子孙已将帝国疆域拓展到了欧洲的中部。

蒙古帝国分治

整装待发的马可·波罗正与威尼斯的亲朋告别，并于1275年到达忽必烈帐下。当时中国的海路、陆路均向世界开放，蒙古帝国的广阔疆域让货物、知识和思想得到了国际性的交流。

刚从原始社会跨入文明门槛的蒙古征服者，远远落后于被征服的先进民族和国家，不仅不可能给被征服地区带来先进的生产方式，反而由于原始的游牧习性，以诸多落后习俗干扰了被征服地区封建社会的正常发展。另一方面，东亚、西亚和东欧的封建社会结构差异很大，中亚与俄罗斯南部草原更以游牧宗法封建关系为主，蒙古大帝国本部与各汗国之间的社会封建结构迥然不同。散居在各地的蒙古人，一旦进入被征服的先进民族之中，很容易被其同化，采用被征服者的语言、宗教信仰和文化，而自己的特点逐渐丧失。因此，蒙古统治阶级因地制宜，对征服地区采取分而治之的办法。

随着占领地区的日益扩大，蒙古征服者受当地封建制农业经济的影响加深，滋长了土地观念，地域统治观念也日益膨胀起来。统治阶级的封建领地逐渐发展成为独立的封建王国，这样一来，便不断发生利害冲突。各封地对大汗没有明确的臣属关系，主要靠宗族关系维持大汗的君主地位。

各汗国和中央大汗之间的联系也很少。加之王朝内部争夺汗位的斗争持续不断，诸汗更是拥兵自重，甚至于与中央大汗分庭抗礼。

1260 年，忽必烈继任大汗后，无力统治如此庞大的帝国，于是钦察汗国、察合台汗国和伊儿汗国，从对大汗的松散隶属关系，逐渐发展成为独立的汗国。

钦察汗国，又称金帐汗国，后被崛起的俄罗斯吞并。察合台汗国不久分裂为东、西两部，分别亡于叶儿羌与帖木儿。窝阔台汗国后来并入察合台汗国。伊儿汗国又称伊利汗国，在合赞汗（1295 ~ 1304 年）在位时，国势达到极盛，后被新兴的帖木儿帝国灭亡。

·蒙古族人的生活·

“一春浪荡不归家，自有穹庐障风雨”，是蒙古族游牧生活的真实写照。穹庐即毡帐，也就是今天所说的蒙古包，是草原人民的主要栖身之所。蒙古包为勤劳的草原儿女遮风挡雨，给他们以温暖的庇护。游牧民族通常逐水草而居，一年迁徙数次，在到达水草丰盛的地方后，他们就搭起毡帐，升起炊烟，一段繁忙的生活就此开始了。蒙古包就像流动的花朵，随着主人的迁移留下一路芬芳，记载蒙古族人生活的历史，盛开在最美的地方。

“黄金之国”加纳

加纳地处塞内加尔河和尼日尔河上游一带（今马里西部和塞内加尔东部）。由于境内盛产黄金，素有“黄金之国”的称谓，后来的西方殖民者称加纳为“黄金海岸”。

表现加纳人淘洗金沙的图画

加纳大约建国于公元 3 世纪，国民主要是尼格罗种索宁凯人。公元 9 ~ 10 世纪是加纳王国的鼎盛时期。国王实行专制统治，拥有一支强大的军队，并建有一套比较严密的朝廷机构，其中包括法院、起诉院和内阁。中央派总督管理各地，地方须向中央纳税。家庭奴隶普遍存在，家奴可以买卖或转让，国王和奴隶主常用奴隶来殉葬。加纳还保留了母系氏族遗风，王位按母系继承。10 ~ 11 世纪达到极盛，版图西临大西洋，东至尼日尔河与巴尼河会合处，北到沙漠重镇奥达果斯特，南达塞内加尔河上游。

加纳盛产黄金，吸引了北非及各地商人到此进行贸易。国王实行垄断，规定开采的金块全部归国王所有，民众只能淘取金沙。商人从国外运进一驮盐要交一个金第纳尔，出境则收两个金第纳尔。巨大的财政收入使得加纳非常富裕，国王生活奢华，穿金饰金，连马鞍、马桩、狗项链都是用大块黄金铸成的。

加纳的富裕使其不断遭到别国的侵袭。阿拉伯人征服北非后，其商人从摩洛哥来到加纳，用带来的盐、铜、织物换取黄金、象牙和奴隶。公元 9 世纪时，柏柏尔人时常侵扰加纳。1054 年，摩洛哥穆拉比德王朝的阿布·贝克尔率兵占领奥达果斯特。又于 1076 年占领加纳城，加纳被迫称臣纳贡，并迁都尼日尔河上游。1087 年加纳人民起义，重新获得独立，但商路中断，国力衰微。13 世纪前期，加纳被其藩属马里王国所灭。

桑海王国也是一个西非古国，又译松加依王国，发祥地在加奥南部的登迪，由桑海人在公元 7 世纪中叶前后所建。11 世纪迁都加奥。1325 年，马里攻占加奥，桑海王国遂沦为其属国。14 世纪中叶后，逐渐取得独立。1464 ~ 1492 年索尼·阿里在位时，改称大王，夺取廷巴克图、迭内等富庶的尼日尔河中游地区。1493 年，大将杜尔夺取王位，兴起阿斯基亚王朝。杜尔发展生产，厉行改革，统一度量衡，建立常备军，鼓励学术，使帝国达到极盛，其版图西到塞内加尔河下游，东至艾尔高原，北抵撒哈拉的塔加扎，南及塞古。农业、纺织业发达。农奴制度盛行。文化达到很高的水平，国内建有图书馆和大学。15 世纪末，桑海王国开始向封建社会过渡。16 世纪后发生内乱，国势渐衰，奴隶和农奴不断起义。1590 ~ 1591 年，摩洛哥大举入侵，桑海王国遂亡。

英法议会政治

议会政治是指国会或类似的代议机构在一国的政治生活中居于重要地位。中世纪时期，英国、法国、尼德兰、卡斯提、阿拉冈以及卡斯提与阿拉冈联合后组成的西班牙，议会政治已开始存在。英国是实行封建议会政治的典型国家，它的议会政治源于《自由大宪章》和《牛津条例》的制定。

英国国王约翰像

《自由大宪章》制定于1215年。国王约翰登上英国王位后与法国发生了战争，为了筹集战争军费，约翰向各封建主征收款项，规定不交或迟交即受罚款。这种专横的做法，引起了世俗贵族的不满。加上约翰一向专横暴戾，勒索无度，也触犯了中小贵族和市民的利益。大封建主利用人们对约翰的不满，在市民和骑士支持下组织武装，进攻伦敦，迫使约翰于1215年6月签署了《自由大宪章》。主要内容如下：保障教会教职人员的选举自由；保障贵族、骑士的领地继承权，未经“王国大会议”同意，国王不得向直属附庸征派补助金和盾牌钱；国王不得干预封建主法庭司法审判权；未经贵族的判决，国王不得任意逮捕或监禁自由人或没收他们的财产。同时，少数条款还确认城市已享有的权利、保护商业自由、统一度量衡等。还规定，国王如果违背宪章，贵族有权对国王使用武力。1258年，英国大贵族们又在牛津开会，通过了进一步限制王权的决议——《牛津条例》。《自由大宪章》和《牛津条例》的制定，在英国历史上具有重大而深远的意义，它首次打破

·《自由大宪章》·

《自由大宪章》是英国封建专制时期宪法性文件之一，也称《大宪章》，是1215年6月15日英国贵族胁迫约翰王在兰尼米德草原签署的文件。文件共63条，用拉丁文写成。多数条款维护贵族和教士的权利，主要内容有：保障教会选举教职人员的自由；保护贵族和骑士的领地继承权，国王不得违例征收领地继承税；未经由贵族、教士和骑士组成的“王国大会议”的同意，国王不得向直属附庸征派补助金和盾牌钱；取消国王干涉封建主法庭从事司法审判的权利；未经同级贵族的判决，国王不得任意逮捕、监禁任何自由人或没收他们的财产。此外，少数条款涉及城市，如确认城市已享有的权利、保护商业自由、统一度量衡等。《自由大宪章》是对王权的限定，国王如违背之，由25名贵族组成委员会有权对国王使用武力。《自由大宪章》后来成为近代资产阶级建立法治的重要依据之一。

了法律高于王权的原则，初步提出了组成国会管理国家的思想，奠定了英国封建社会制税原则的基础，纳税主体有权决定纳税事宜。

正在举行加冕仪式的爱德华一世

《自由大宪章》和《牛津条例》签署后，国王约翰和他的继任者都没有诚意遵守，人们于是继续进行斗争。1263 年，勒斯特伯爵西蒙·孟福尔联合骑士和市民打败并俘虏了国王。1265 年，英国召开了由封建贵族、主教以及各郡骑士代表和各大城市市民代表参加的封建主大会。1295 年，英王爱德华一世为筹集军费召开国会，出席会议的社会成分和 1265 年会议完全一致。此后国会经常召开会议，并以 1295 年的国会为榜样。于是 1295 年的国会被称为“模范国会”。1297 年国会正式获得了批准赋税征收的权力。14 世纪初，国会又获得了颁布法律的权力，同时成为王国的最高法庭。英国国会从 1341 年起，又分为上、下两院。上议院由教俗贵族组成，下议院由地方骑士和市民代表组成。至此，等级代表会议与国王相结合的统治形式在英国正式确立。

在英国和法国，13 世纪是人口增长、疆域扩大的时代，这幅画卷描述了宫廷里的仆人为主人准备丰盛的宴会的情景。

法国中世纪的三级会议在存在形式和开会方式上与英国国会有所区别，但对王权的制衡作用也是相当明显的。

1302 年，法王腓力四世与教皇发生冲突，为了寻求社会各阶层的支持，于是召开了法国历史上第一次三级会议。会议由高级僧侣、贵族和市民三个等级的代表组成，会议召开方式是由国王召集，三个等级分别开会，每个等级只有一票表决权。法国三级会议的职能是国王要征收新税，事先必须要经过三级会议同意；监督赋税的开支及国家有关和战等重大问题，都要交由三级会议讨论。

与英国、法国的代议机构相类似，尼德兰、卡斯提、阿拉冈以及从斐迪南到查理一世统治时期的西班牙的议会也有限制王权的作用。

总而言之，西欧各国大多自中世纪中期就形成了制约王权的议会政治，它们与东方集权专制国家在行政制度上的区别是非常明显的。

黑死病

黑死病是人类历史上最严重的瘟疫之一。据传，1345 年的一天，蒙古大军围攻克里米亚半岛的卡法城，城中的意大利商人和拜占庭军队凭借着高大的城墙拼命抵抗。整整一年过去了，蒙古人始终没有攻下。

后来卡法的守军发现蒙古人的进攻势头越来越弱，最后竟然停止了攻击。卡法守军百思不得其解。不过卡法守军丝毫不敢放松警惕，认为这很可能是蒙古人在为发动一场更猛烈的进攻做准备。

果然，没过几天，蒙古人再次对卡法城发动攻击。不过这次蒙古人没像以前几次那样爬上云梯攻城，而是在城下摆了好几排高大的投石机。

“发射！”随着蒙古将军一声令下，“嗖嗖嗖”一颗又一颗的

感染瘟疫的人随时随地寻求救助，这个不幸的家庭寄希望于牧师的祈祷。

炮弹，向卡法城飞来。卡法守军看到炮弹时非常吃惊，原来这些“炮弹”不是巨大的石头，而是一具具发黑的死尸！不一会儿，卡法城里就堆满了很多发臭的死尸。蒙古人发射完这些“炮弹”后，就迅速撤退了。这些腐烂的黑色尸体严重污染了卡法城的水源和空气，过了不久，很多人出现寒战、头痛等症状，再过一两天，病人便开始发热、昏迷，皮肤大面积出血，身上长了很多疮，呼吸越来越困难。患病的人快的两三天、慢的四五天就死了，死后皮肤呈黑紫色，因此这种可怕的疾病得名“黑死病”。当时的人们并不知道这是由老鼠传播的鼠疫——一种由鼠疫杆菌引起的烈性传染病。

卡法城变成了人间地狱，城中的大街小巷到处都有黑色的死尸，到处都是痛苦的呻吟和绝望的哭嚎。幸存的意大利商人披着黑纱，急忙乘船逃回意大利。但他们万万没有想到，一群携带黑死病菌的老鼠也爬上了船，躲在货舱里，跟随他们来到了意大利。

意大利人很快就知道了黑死病的事，因此拒绝他们的船靠岸。只有西西里岛的墨西拿港允许他们短暂停留，船上的老鼠跑到了岛上，黑死病便首先在这里传播开来。因为墨西拿港是一个大港口，每天都有很多其他欧洲国家的商船靠岸，这

埋葬死于黑死病的人们

鞭笞教的游行
黑死病的肆行使有些人认为是上帝惩罚的结果，于是诞生了以惩罚自己以求上帝饶恕的鞭笞教派。

些老鼠又登上这些船，来到欧洲各国。于是，一场大规模的黑死病开始在欧洲迅速传播。

其实，黑死病能在欧洲迅速传播，和当时欧洲人恶劣的生活条件是分不开的。那时，就连罗马、巴黎、伦敦这些大城市，也都是污水横流，垃圾、粪便和动物的死尸随意丢弃，臭气熏天，卫生状况非常差，这就为传染病的传播提供了有利条件。城市中除了贵族和有钱人外，绝大多数平民都生活在拥挤不堪、通风不畅的狭小房间里，很多人挤在一张床上，甚至有的人家连床都没有。当时的人也很少洗澡，从贵族到农民，很多人的身上跳蚤、虱子乱蹦乱跳。

此外，由于当时欧洲的猫几乎灭绝，老鼠没有了天敌，得以大量繁殖。

当时的医学水平根本无法治愈黑死病，一旦染病只能等死。

·《医典》·

阿维森纳的《医典》是阿拉伯医学的结晶，是一部医学百科全书。它不仅有医学原理和治疗方法，还有药学部分。药学部分分析了760多种药物的药效，为后人提供了丰富的参考。《医典》对当时的一些疑难杂症进行了精辟的论述，如脑膜炎、中风和胃溃疡等。他还论述了水流和土壤在传播疾病时所起的作用，提出传播肺结核、鼠疫、天花等病的是肉眼看不见的病原体的“细菌学说”。《医典》被翻译成拉丁文、希伯来文和英文等多种文字，在西方影响深远。一直到17世纪，《医典》都是欧洲各国医学院的主要医学教科书和参考书。

人们把染病者关进屋子里，把门和窗全部钉死，让他们在里面饿死。有的人结成一个个的小社区，过与世隔绝的生活，拒绝听任何关于死亡与疾病的消息。有的人则认为反正是死，不如及时行乐。他们不舍昼夜地寻欢作乐，饮酒高歌，醉生梦死。有的人手拿香花、香草或香水到户外去散步，认为这些香味可以治疗疾病。也有一些人抛弃了他们的城市、家园、居所、亲戚、财产，独自逃到外国或乡下去避难。而罗马教皇则坐在熊熊烈火中间，以此来隔绝黑死病的侵袭。

由于欧洲的犹太人懂得隔离传染病人的医学常识，所以死的人较少。一些别有用心的基督徒就诬蔑犹太人和魔鬼勾结，带来了黑死病，大肆屠杀犹太人。当时整个欧洲简直是一幅世界末日的景象。

据统计，在14世纪的100年中，黑死病在欧洲共夺去了2500多万人的生命，再加上饥饿和战争，大约有2/3的欧洲人死亡。

法国扎克雷起义

法国的扎克雷起义发生在英法百年战争的第一阶段，“扎克雷”意为乡下佬，是法国封建主对农民的蔑称。13世纪以后，封建贵族以货币地租和高利贷，加重对农民的榨取。1348年，黑死病又在法国蔓延，使农民生活恶化，经济萧条。百年战争初，国王和大批贵族被英军俘虏，王子查理为了筹集赎金，对农民增加捐税，且农村破坏惨重，民不聊生。1358年5月，吉尤姆·卡尔率领农民在法国北部博韦区揭竿而起。起义以闪电般的速度席卷

1358年，由于百年战争所带来的农地荒废、英军的蹂躏和赋税的增加，农民纷纷起来抗议。图为暴动中袭击骑士的农民们。

了法国北部及巴黎附近地区。在农民吉约姆·卡尔领导下，起义者高喊着“消灭所有贵族，一个也不留”的口号，捣毁贵族的住宅和城堡，杀死领主，焚烧登记农民义务的账册。与此同时，巴黎的市民也举行起义。3000名手工业者在艾田·马赛的率领下冲进王宫，杀死宫内两名近臣。国王查理逃出巴黎，在北方集结军队准备反扑。1358年6月10日，起义农民队伍六七千人与封建贵族和国王组织的一支一千余人的军队在博韦地区麦罗村进行决战。面对如此众多的起义军，国王查理不敢轻举妄动，遂采用欺骗手法，假装和农民谈判，将起义领袖卡尔骗到军中并予以扣留。失去领袖和指挥的农民，群龙无首，顿时成了乌合之众，遂被贵族军队击败。此后，统治者又到处捕杀起义者，先后杀死农民达两万余人，卡尔也在大屠杀中丧命。至此，一场较大规模的农民起义被镇压下去。这次起义打击了法国的封建制度，为以后资本主义的产生创造了条件。

一群全副武装的暴徒在洗劫一位法国富商的家。

早期宗教改革

教会在社会、经济和文化等方面的极端做法，引起了教会内部中下层人士的强烈反对，异端运动与早期宗教改革就在这一背景下开始了。

在欧洲的异端运动中，法国南部和意大利北部的阿尔比派的规模较大，而且影响较远。在镇压阿尔比派的过程中，教皇设立了一套侦察和审判异端分子的专门机构，即异端裁判所。审讯方式很严密，用刑手段极其残忍，使无数百姓死于非命。但人民的反封建斗争并没有因此而中止，在意大利又出现了异端教派“使徒兄弟派”。使徒兄弟派同样反对教会腐化，主张信徒财产共有、地位平等，因而吸引了大批贫苦农民和市民参加。使徒兄弟派立即遭到异端法庭的镇压，其创始人塞加烈于 1300 年被烧死在帕尔

·宗教裁判所·

宗教裁判所是 13 ~ 19 世纪天主教会侦察和审判异端的机构，旨在镇压一切反教会、反封建的异端。中世纪的西欧，以罗马教廷为中心的基督教会是欧洲封建统治巨大的国际中心，但从 10 世纪起，西欧一些地区出现反对基督教会的活动，到 12 ~ 13 世纪，“异端运动”蓬勃发展，著名的有意大利的阿诺德派和法国的阿尔比派。为了镇压异端，罗马教皇建立了残酷迫害异端的专门机构——宗教裁判所。

玛。他的继承者在意大利北部地区的皮埃蒙特发动农民起义，坚持斗争四年多，最后也被十字军镇压。

在异端运动如火如荼之际，欧洲还开展了早期宗教改革运动。这类改革运动可分两种：一种旨在强化教皇和教会权力；另一种主张限制教会兼并土地，反对教皇过多干涉各国教会事务。后一种宗教改革运动成了后来欧洲大规模宗教改革运动的先声。

法国的早期宗教改革主要是 10 ~ 12 世纪的克吕尼运动，英国的早期宗教改革主要是罗拉德派运动。

在欧洲各国的早期宗教改革中，捷克胡司的宗教改革活动影响最大。

捷克王国的土地和矿山，大都集中在由德国的僧侣和教士担任的捷克主教和修道院长手中。他们控制着城市，在经济上和政治上形成特殊的集团，捷克人的钱财大量流入德国人手中。胡司是捷克布拉格大学教授，历任神学系主任、校长。1401 年，他又受神父职，次年兼任布拉格伯利恒教堂教士。他深受英国宗教改革家威克里夫思想影响，提出了宗教改革主张。他反对德意志封建主与天主教会盘剥捷克，严厉谴责教皇兜售赎罪券；反对教会大肆占有土地，抨击教士的奢侈堕落行为；主张用捷克语举行宗教仪式，认为主礼教士和教徒是平等的，他们在弥撒仪式中应和教徒同领象征圣体的面饼和象征圣血的葡萄酒。

胡司的宗教改革得到了捷克农民、市民和下层贵族的普遍支持，但却引起了罗马教皇和德国天主教会的仇恨。1414 年，康斯坦茨宗教会逮捕了胡司，并于次年 7 月以异端罪用火刑将其处死。

英国瓦特·泰勒起义

英国的瓦特·泰勒农民起义爆发于英法百年战争的第二阶段，因起义领袖为瓦特·泰勒，所以史学家将这次起义称作“瓦特·泰勒起义”。

14 世纪的英国，社会局势动荡不宁、阶级矛盾空前激化。黑死病夺走了英国几乎一半的人口，经济萧条，统治阶级又发动百年战争，英国农民已经忍无可忍。1377 年，新国王理查二世刚上台，为了同法国进行战争而开征人头税，规定凡年满 14 岁的男女，无论贫富都必须缴纳。1380 年，人头税税额倍增，激起人们的强烈不满。次年 5 月底，埃塞克斯郡农民杀死征收人头税的税吏，由此揭开了瓦特·泰勒起义的序幕。

瓦特·泰勒起义爆发后，四方纷纷响应，起义很快席卷了英国的 25 个郡。各地起义农民大多在当地同贵族斗争，而埃塞克斯和肯特郡农民 10 万之众则在起义领袖瓦特·泰勒的率领下，分两路进军伦敦。在伦敦贫民的帮助下，起义军顺利进城，捣毁大臣官邸，杀死法官，冲进监狱，释放囚犯，国王理查二世被吓得躲进了伦敦塔。起义群众迫使国王出来谈判，首次谈判在迈尔恩德举行。起义农民要求减轻农奴义务，每亩货币地租限定在 4 便士，并要求确保全国贸易自由及赦免起义者。这些要求反映了一般富裕农民的要求。国王应允，并颁发敕令作为保证。部分农民相信了国王的承诺，当晚自伦敦返乡。大部分农民仍不满足，在瓦特·泰勒领导下要求与国王进行第二次谈判，谈判在斯密茨菲尔德举行。

起义农民要求没收教会土地分给农民，将领主占领的土地归还给农民，废除雇工法，取消领主特权。这些要求反映了贫苦农民的要求，谈判期间伦敦城贫民起来响应，捣毁商店，打死富商和高利贷者。为了控制局面，国王、贵族和伦敦富豪密谋用欺骗和暴力两手来粉碎起义。会谈时，伦敦市长刺死瓦特·泰勒，国王则用谎言欺骗农民，使之返回家乡。农民回到家乡后，国王立即派骑士到各地进行镇压，起义最终归于失败。这次起义沉重地打击了封建势力，加速了英国的农奴制的消亡。

英王理查二世的画像

英法百年战争

1337 年，英国对法国宣战，战争断断续续，直到 1453 年才宣告结束，史称“百年战争”。

1328 年，法国卡佩王朝国王查理四世没有子嗣，死后王位被瓦洛亚家族的腓力六世继承。查理四世是腓力四世的儿子，腓力四世外孙、英王爱德华三世想以外孙的名义继承王位，法国贵族予以拒绝。矛盾由此激化，导致战争爆发。王位继承问题实际上只不过是战争的导火线，战争的真正目的在于争夺领土。另外，弗兰德尔的归属问题也一直是两国矛盾的焦点。

1337 年 11 月，英王爱德华三世率军入侵法国。对于岛国英国来讲，制海权是入侵法国成败的关键。1340 年 6 月，爱德华三

左图为法王腓力四世在位时发行、爱德华三世从 1344 年开始铸造的首批金币；右图为纪念 1340 年斯鲁斯海战中英军胜利而铸造的金币。

世率领250艘战舰约1.5万人攻击斯鲁斯海里的法国舰队。法国舰队接到消息后急忙出海迎战，拥有380艘战舰和2.5万人的法国舰队向英舰队压过来。爱德华三世不敢硬碰，为诱歼法军，英舰队开始有条不紊地佯退。见英军要逃，法舰队急速追击，阵形开始紊乱。英军舰队突然调转船头，向法军冲去。虽然数量处于劣势，但英国海军更擅长海战。他们弓箭齐发，投掷物向暴雨一样砸向敌船。英国的小船在法军舰船中来回穿梭，寻找时机破坏敌人船桨。法国舰船失去灵活性，企图逃跑，但未能逃脱英军的追击，几乎全军覆没。英国夺得了制海权，为陆上战争解除了后顾之忧。

1346年，丧失海军的法王腓力六世大怒，他将自己精锐的重装骑兵派到前线。当时的英国以步兵为主，没有与之相抗衡的骑兵。法王想让强硬的马蹄使英军粉身碎骨，号称6万余人的法国骑兵在克雷西与2万英军步兵相遇。爱德华三世命令部队放慢进攻速度，引诱敌人来攻。当两队尚有一定距离时，英军强弩手发出的箭雨齐向法国骑士飞去。原来，英军为对付身披铠甲的骑士，偷偷制造了一种秘密武器“大弓”，这种弓箭射程远，射速快，精确度高，能在较远处射穿骑士的铠甲。法军被箭雨打乱了阵脚，溃不成军。英国步兵抓住时机猛攻上去，与敌人展开白刃格斗。身着笨重铠甲的法军陷入了被动，很快被英军击败。英军控制了陆上进攻的主动权，一举占领了法国的门户诺曼底，不久又攻占了重要港口加莱。英国的弓箭让法军吃尽了苦头，从卢瓦尔河至比利牛斯山以南的领土都为英国人所有。

为抵抗英国的侵略，夺回丧失的土地，法王查理五世改编军

“百年战争”中发生在斯鲁斯港口外的大规模海战。

队，整顿税制，还任命迪盖克兰担任总司令。迪盖克兰指挥法军避开英军的锋芒，采用消耗、突袭和游击战术，发挥新组建的步兵、野战炮兵、新舰队的威力，使英军节节败退，陷入困境。法国趁势夺回大片领土，并恢复了骑兵。

可是，法国内部矛盾日益加剧，贵族争权夺利，农民起义不断。刚登上英国王位的亨利五世乘机重燃战火，不久法国的半壁江山又沦入到英军手中。英军继续向南推进，开始围攻通往法国南方的门户要塞奥尔良。法国贵族却没有一个敢去解围。

农民出身的少女贞德经过一番波折，成为解救奥尔良的统帅。她以“神遣的救国天使”名分，手持一把剑和一面旗帜带领法军冲进英军营中。

她身先士卒，把旗帜高高举起。贞德的勇气鼓舞着法军，他们顽强拼杀，一次次击败英军的进攻。为攻下英军最后一个堡垒，贞德高举旗帜第一个爬上云梯，但不幸被箭射中而掉落下来。但她顽强地站起来，又冲了上去。守城的士兵出城支援，一举击溃英军。被围困长达7个月之久的奥尔良城得救了，贞德成为法军的灵魂。1430年，在康边附近的战役中，贞德为勃艮第党人所俘，以4万法郎的价格卖给英国人。1431年5月24日，贞德在卢昂被宗教法庭以女巫的罪名处以火刑。“圣女贞德”的死激起法国军民的普遍愤怒，他们奋勇打击英军，接二连三地收复北方失地。1453年，英军在波尔多决战中全军覆没。法国随之收复了除加来港之外的全部领土，取得了战争的最后胜利，英法百年战争至此结束。

·阿金库尔战役·

阿金库尔战役发生于1415年10月25日，是英法百年战争中著名的以少胜多的战役。1415年8月，英王亨利五世率军约6000人在塞纳河口登陆后向加来进军。法国军队在加来以南阿金库尔要塞奉命截击。英国装备了英格兰长弓的弓箭手按照楔形分布，骑兵全部下马作战，阵前设置尖头栅栏，以阻挡法国骑兵冲击。法国骑兵首先发起进攻，但泥泞的土地给骑兵前进带来了很大困难。英国弓箭手集中射击法国骑兵的马匹，身穿沉重盔甲的骑士纷纷落马，结果打乱了从后面冲上来到法国步兵的阵型，使他们也遭到了英国弓箭手的射击。少数冲到英军阵前的法国骑兵遭到了英国步兵的顽强抵抗，被全部消灭。随后，英国弓箭手手持短兵器和步兵一起冲锋，将陷在泥潭中动行动不便的法国骑兵全部消灭。这场战斗的结局改变了英国人在英法战争前期的被动局面，从此以后英军节节胜利，直到贞德出现。

水上城市威尼斯

威尼斯城最早建在长约3.2千米、宽约1.6千米的群岛和泥滩上，直到公元5世纪中叶，这里还只是个不起眼的小渔村。公元568年伦巴底人入侵北意大利时，许多大陆居民被逐往泻湖诸岛并建立较大的居民区。公元7世纪中叶，这里成为一个独立的政治实体，被称为拜占庭威尼斯群岛。公元310年，查理大帝之子丕平率航队占领威尼斯，随即又被拜占庭夺回。第二年，双方订立和约，查理大帝承认威尼斯为拜占庭疆土，并允许威尼斯在半岛大陆上享受贸易权利。因威尼斯处于拜占庭帝国境内，与君士坦丁堡的经济联系密切，并能充分利用与东方恢复贸易的有利条件，经济实力得以迅速增长，公元9世纪40年代，威尼斯脱离拜占庭成为独立的城市共和国。

这个12世纪拜占庭风格的金银香炉见于威尼斯圣马克教堂，这座教堂保存有1024年威尼斯对君士坦丁堡十字军战争的遗物。

公元9～10世纪，威

尼斯在地中海上极为活跃。除了从事东西方商品贸易外，威尼斯商人还将欧洲的基督徒贩运到阿拉伯帝国卖为奴隶，从中获取巨额利润。其领土也迅速扩张至达尔马提亚，并控制了通往巴勒斯坦的海上通道。十字军东侵给威尼斯突飞猛进的扩张又带来了时机，它乘机在地中海东岸夺取了西顿、推罗等港口，并将之作为对东方的贸易据点。

威尼斯是由商人贵族进行统治的国家，最高权力机关大议会设立于 1063 年，由 4800 人组成，具有立法权和监察权。1171 年，这个议事会选举任命了总督。1297 年，威尼斯又通过立法形式明确规定，只有名列“黄金簿”的几百家大贵族才有资格选举大议会的议员，只有以往 4 年中是大议会成员的人才有资格当选。大议会成员除非是世袭，除此之外不再增加新的成员。国家的行政权属于从大议会中选出的小议会，小议会又称“元老院”，由 120 名议员组成。城市共和国的一切重大行政措施和宣战、媾和等决策，都由小议会决策。国家元首即总督，由选举产生，为终身制。

威尼斯城市共和国的商人贵族的世袭统治，曾遭到中下层市民的反对。1310 年，以提埃波洛为首的下层市民举行起义，但遭到了市政当局的镇压。此后，威尼斯成立了一个由 10 人组成的治安委员会，秘密监视上自总督下至一般市民的一切“非法”行为。对被告人的审讯和判决都在秘密中进行，对于那些被认为是威胁共和国安全的人或实行暗杀，或关入“铅牢”。

15 世纪末，随着新航路的开辟，商业重心转移到了大西洋沿岸，威尼斯城市共和国随之走向衰落。

玛雅文化

玛雅文化发源于今中美洲的洪都拉斯、危地马拉、墨西哥的尤卡坦半岛一带。公元前 10 世纪，玛雅人过上了定居的农耕生活。他们从野生植物中培育出马铃薯、玉米、南瓜、番茄、棉花、辣椒、可可和烟草等多种农作物，学会了养蜂取蜜、饲养家畜，并能制造各种石制工具和金银饰品。

玛雅士兵雕像

公元前后，在尤卡坦半岛南端贝登·伊查湖（今危地马拉的贝登省）的东北部，玛雅人的奴隶制城邦逐渐形成，到公元 9 世纪末，仅有文字记载的城邦就有 110 多个。城邦的首领称为哈拉奇·维尼克（意为“大人”），他独揽国家大权，职位采取世袭制。贵族与僧侣占有大量土地和奴隶，奴隶可以买卖。农民要负担许多徭役和贡赋。公元 9 世纪末，尤卡坦半岛的玛雅城邦突然不明原因地衰落了。

公元 10 世纪，一些新的城邦又相继建立，考古学家将这些城邦称为“新国”。公元10世纪，奇琴伊察南部兴起了新城邦玛雅班。两个世纪以后，玛雅班强盛起来，1194年击败奇琴伊察等城邦，在尤卡坦半岛取得霸主地位。后来奇琴伊察人占领了玛雅班，两种人混合形成玛雅人。1441年，依附于玛雅班的乌希马尔等城邦起义，使玛雅班大为削弱。1485年，玛雅班在都鲁姆建立最后一块石柱碑，玛雅人历时1200多年的立碑纪年法至此中断。15世

纪中叶，西班牙人入侵尤卡坦半岛，玛雅文化遭到严重破坏。

玛雅文化的卓越成就在天文历法、数学、文字、建筑等方面都有所表现。由于种植的需要，玛雅人很早就注意观测天象，能推算出月亮、金星和其他行星的运行周期以及日食、月食的时间。他们创造的太阳历，得出一年为365.2420天的精确数据，比现在的365.2422天相差只有万分之二。玛雅人在数学上创造了20进位制。各种数目只用三种符号表示：黑点是1，短线是5，贝壳图形是0。玛雅人对“0”的概念比欧洲人早800年。

玛雅人早在公元初就创造了自己的象形文字，这种文字既表音又表意，每个字都用方格式环形花纹围起来。玛雅人还用毛发制笔，用榕树皮做纸，写下了大量书籍，内容有诗歌、历史、神话、戏剧、天文历法等，后大多被西班牙殖民者焚毁。玛雅人还有立碑记事的传统，各邦每隔20年竖一块石碑，把发生过的重大事件刻记下来。已发现的记年碑刻表明，玛雅人这一传统保持了1200多年，直到西班牙人入侵才中止。

玛雅人的代表性城市建筑有蒂卡尔、奇琴伊察、乌希马尔等。位于危地马拉东北的

蒂卡尔一号神庙遗址

早在公元前9世纪蒂卡尔已经形成村落，公元前6世纪开始建立城邦，直到公元前3世纪，这里一直是玛雅人重要的祭祀中心。

蒂卡尔是最早的玛雅文明遗迹。它建造于公元前6世纪，其文明持续了1500余年。中心广场诸多的金字塔表现了玛雅奴隶制统治的严厉与庄严。其中，有一座75米高的金字塔，是美洲印第安人古代最高的建筑。

玛雅文明的表征是金字塔建筑。位于墨西哥城东南的帕伦克的金字塔，是神庙与陵墓合一的，与附近的王宫和神庙体现着一种庄重而威严的神采。有趣的是，金字塔顶的神庙有点像中国的宫殿。

·奇琴伊察·

奇琴伊察是玛雅文明后古典期（公元900 ~ 1520年）的重要城市。“奇琴伊察”就是“伊察人之井边”的意思。所谓“伊察人”，其实就是北迁来到尤卡坦半岛的玛雅人。他们在这里建造了奇琴伊察这座祭祀和生产中心，后来便发展为新帝国的首都，使已走向衰败的玛雅文明一度出现复兴。

在奇琴伊察城市中心有一座以羽蛇神库库尔坎命名的金字塔。金字塔的北面两底角雕有两个蛇头。每年春分、秋分，太阳落山时，可以看到蛇头投射在地上的影子与许多个三角形连套在一起，成为一条动感很强的飞蛇，象征着在这两天羽蛇神降临和飞升。因此这座沉浸在狂热信仰中的城市，又被称为“羽蛇城”。1441年，统治着尤卡坦半岛东部和北部长达两个多世纪的奇琴伊察被西班牙人占领。从那以后，显赫一时的“羽蛇城”渐渐被荒野丛林所吞没。

400多年后，美国人爱德华·赫伯特·汤普逊发现了这座被遗弃了的城市。

城市学校的兴起

从教会对文化与教育的垄断中崛起的大学教育，对欧洲科学与思想进步的推动作用，是无法估量的。

中世纪初期，由教会兴办大主教学校、僧侣学校和教区学校，其主要教育目的是为上帝、教会和王权培养服务人才。中世纪时期教会对文化教育事业垄断的负面影响虽然极大，但它向世俗统治者独立办教育，使社会进步思想得以萌生的历史作用也值得肯定。欧洲历史上一些有进步思想的思想家，大部分都受过这种教会学校的教育。

经院哲学是教会学校的主要课程，这门课程主张理性服从信仰，哲学应是神学的婢女，人们学术活动的中心任务，就是论证基督教教条的正确性。经院哲学的创始者、爱尔兰人爱利吉纳认为，真正的宗教便是真正的哲学，真正的哲学也就

中世纪意大利波伦那大学的学生在全神贯注地听法学课。

·托马斯·阿奎那·

意大利中世纪的神学家和经院哲学家，有“神学界之王”的称号。他生在意大利一个贵族家庭，儿时受教会教育达9年之久。14岁时，他在那不勒斯大学学到很多科学与哲学知识。1244年加入天主教组织多米尼古学团，是一个重要转折。20岁以后进入巴黎大学学习神学并取得硕士学位，后在巴黎大学教授神学。1259年被任命为罗马教廷的神学老师。后来，他回到意大利，从事神学研究和著述，期间曾到巴黎教授神学。1274年死于一个修道院。1323年被追封为“圣徒”。托马斯·阿奎那是经院哲学的集大成者，他建立起一套系统的、完整的神学体系，被称为托马斯主义。他的18部巨著中，《神学大全》集基督教思想之大成。他的学说后来被引申为新托马斯主义，对基督教神学的发展产生了重要的影响。

是真正的宗教。两者的不同之处，仅仅在于哲学以思考为主，而宗教以信仰为主。意大利的托马斯·阿奎那是经院哲学的代表人物，他死后先后被3位教皇宣布为圣徒、天主教会博士和宗教哲学的最高权威。他的著作《神学大全》被尊为经院哲学的百科全书，作为欧洲中世纪大学的神学教材，长达几个世纪之久。托马斯·阿奎那在该书中声称，理性与信仰一致，信仰是心灵的最高能力，身体隶属于灵魂，物质隶属于精神，哲学隶属于神学，世俗则隶属于教会。他认为，上帝创造世界，宇宙中的一切都是按等级的阶梯来安排的，从非生物体开始逐级上升到植物界、动物界，再进而上升到人、圣徒、天使、上帝。而教皇则是上帝在人间的代表，位在世俗君主之上。他还认为，下级服从上级，上级统摄下级，俗人服从僧侣，国王服从教皇。托马斯·阿奎那由此证明，上帝安排的封建等级制度及教阶制度都是合理的。上述经院哲学思想，直到今天仍在影响着世界。

到了 11 世纪，教会学校已不能满足新兴市民的需要，他们要求建立城市学校，于是多数城市建立了所谓的世俗教育学校。城市学校包括用本民族语言教学的读写学校、职业技术教育学校、男童高级学校、女童初级学校。12 世纪，大学在欧洲产生了。巴黎大学是欧洲最早、声望最好的大学，皮埃尔·阿贝拉尔是当时最著名的教师。作

巴黎大学的索邦神学院教堂

索邦教堂是巴黎大学里最古老的建筑之一，建于 1635 ~ 1642 年，教堂正面为典型的巴洛克风格。

为一位经院哲学家，他在《我的苦难经历》中提到自己的遭遇；在《认识自己》中，他鼓吹通过个人自省探求人性本质；在《是与否》中，他就150个神学问题做了正反两方面的分析。他把神学作为一种科学来研究。由于他常常公开与人辩论，招致失败者的怀恨。相传当时他被禁止在地上讲学，他便爬到树上去讲；后来禁止他在半空讲，他就跑到船上去讲。由于阿贝拉尔的影响，许多学者纷纷来巴黎大学任教。1200年，巴黎大学专门开授神学和七艺。

大学在欧洲中世纪时期，实质上是一个教育行会。继巴黎大学后，博洛尼亚大学成立。13世纪，牛津、剑桥、那不勒斯等直至现在仍很著名的大学也相继问世。15世纪，欧洲各城市的世俗教育学校基本上摆脱了教会控制，奠定了近代欧洲世俗教育的基础。

中世纪欧洲大学主要有两类：一类是城市办世俗大学，另一类是由培养僧侣的教育研究机构发展而成的大学。到15世纪末，欧洲的这类大学已达80余所。中世纪欧洲大学的兴起，是世界教育发展史上的重大事件。欧洲大学不仅培育了像哥白尼、伽利略、哈维、莫尔、弗兰西斯·培根等一大批科学家、思想家、学者，而且大学中的许多杰出人物还直接参与社会改革，大大地推动了欧洲社会的进步。13世纪中期，英国牛津大学讲师罗吉尔·培根第一个站出来批判经院哲学，因此被教会幽禁长达15年；15世纪初，教皇派人到捷克兜售赎罪券，布拉格大学教授胡司又站出来公开揭露和抨击这一勒索行为，为此献出了宝贵的生命；16世纪初，德国威登堡大学教授马丁·路德掀起的那场声势浩大、波及大半个欧洲的宗教改革运动，影响则惠及当代。

莫斯科摆脱蒙古统治

基辅罗斯是东斯拉夫人于9世纪中叶至12世纪初在东欧平原上建立的以基辅为首都的早期封建国家，由维京奥雷格所建，12世纪时，基辅罗斯分裂成几个大公国。1235年，趁俄罗斯内战不休之际，蒙古大汗派拔都率军西征。1237年，蒙古大军进入东北俄罗斯地区，占领里亚赞公国后，又立即攻占莫斯科和弗拉基米尔。1243年，拔都以伏尔加河地区为中心，建立了钦察汗国。

15世纪，伊凡三世驱逐了蒙古人，建立了以莫斯科为中心的国家。此图反映了莫斯科早期建立时的样子。

俄罗斯西北部以基辅、莫斯科和明斯克为中心的罗斯公国势力很强。钦察汗国采取以俄制俄的方式统治它们，并选出一个最顺从自己的王公，授予其“弗拉基米尔”的称号，统治各个公国。该地区逐渐成为俄罗斯帝国。

莫斯科原是俄罗斯托夫·苏兹达尔公的属地，蒙古人统治时期借助蒙古的力量发展起来。14 世纪初，莫斯科作为公国，登上了俄罗斯地区的政治舞台。莫斯科大公为了与特维尔大公争夺全俄罗斯大公的权位，用金钱收买蒙古王公和自己的政敌，同时也采用暴力方式来消灭竞争对手。1328 年，莫斯科大公伊凡一世如愿以偿，终于被册封为弗拉基米尔及全俄罗斯大公。

在整个 14 世纪，莫斯科的力量不断增长，钦察汗国的力量却日趋衰落。钦察汗国的衰落，为莫斯科摆脱其统治提供了契机。

本来，钦察汗国想利用特维尔来对付莫斯科，但没有成功。1378 年，马麦汗以别吉乞为统帅进攻莫斯科，却在奥卡河支流沃查河被莫斯科军队打败。这是蒙古人自西征以来，第一次被俄罗斯人打败。

马麦汗在沃查河战役失败后并不甘心，又积极搜罗兵马，准备与莫斯科一决雌雄。他集结了五六万军队后，准备和立陶宛大公亚盖洛结盟，联合进攻莫斯科。1380 年夏，马麦汗沿顿河北上，等待与立陶宛会师。莫斯科得知情报后，一面集结军队迎击，同时打破蒙、立联盟，以闪电般的速度渡过顿河后与蒙古军在库里科沃平原交战。马麦汗匆匆应战，经过一整天的激战，马麦汗的军队被彻底打败，马麦汗只身逃走。库里科沃平原战役是莫斯科摆脱蒙古统治的具有决定意义的重大战役，战役的组织者和指挥者底米特里因此而获得了“顿河英雄”的光荣称号。

马麦汗失败后，1382年，脱脱迷失汗又反扑莫斯科，重新恢复对俄罗斯地区的统治。

1471年7月，莫斯科大公伊凡三世进攻诺夫哥罗德。诺夫哥罗德失败后，被迫接受伊凡三世为自己的最高立法者和审判者。1478年，伊凡三世吞并诺夫哥罗德。1485年，伊凡三世以特维尔王公勾结波兰为由，又率军包围特维尔，特维尔王公逃到立陶宛，贵族们开城投降。此后，其他小国纷纷成为莫斯科的附庸，或者直接并入莫斯科的版图。

这三幅图表现了16世纪上半期俄罗斯人民的生活情景，他们或骑马，或乘雪橇，或坐四轮马车外出旅行。

1480年，莫斯科彻底摆脱了蒙古人的统治。1480年夏，阿合马汗再次远征莫斯科。阿合马汗这次本指望得到波兰、立陶宛的援助，但因有莫斯科军队的堵截和受到克里米亚汗的进攻，加之波、立军队未予以响应，阿合马汗不得不撤兵，伊凡三世因此赢得胜利。至此，蒙古贵族对俄罗斯人两百余年的统治宣告结束。

统一俄罗斯地区后，莫斯科政权成了全国性的管理机构。至16世纪初，中央集权的君主专制制度在莫斯科终于建立起来。于是，一个北起白海、南至奥卡河、东临北乌拉尔山、西达第聂伯河上游的统一的俄罗斯国家宣告诞生。1547年1月，根据总主教马卡利的建议，大公伊凡四世正式加冕称沙皇。通过沙皇时代的疯狂拓展，俄罗斯疆域得到进一步扩张，成为一个空前辽阔的大帝国。

·涅瓦河之战·

涅瓦河之战是俄国军队与瑞典军队在涅瓦河和伊若拉河汇流处进行的一场会战。

1240年7月，瑞典将领亚尔·比耶尔率领100艘战舰和5000士兵驶入涅瓦河，在伊若拉河畔安营扎寨。诺夫哥罗德大公亚历山大·雅罗斯拉维奇得知瑞典进犯的消息后，决定以突然袭击打败敌军。他率精锐卫队和诺夫哥罗德义勇军一部秘密急行军，沿途又获得瑞典军队实力和营地位置的情报。7月15日，俄军来到瑞典军队营地。当时天降大雾，亚历山大·雅罗斯拉维奇指挥步兵居中，骑兵配置于两翼。步兵进攻瑞典军队中央营地，骑兵从东、西两面夹击。经过激烈的白刃格斗，仅有少数瑞典军队得以乘船逃脱，而俄军几无损失（共阵亡士兵20名）。从此，亚历山大·雅罗斯拉维奇被誉为“涅夫斯基”。涅瓦河之战制止了瑞典对俄罗斯的侵犯，维护了俄罗斯西北边疆的安全，为俄罗斯的统一创造了条件。

奥斯曼帝国

奥斯曼土耳其人是西突厥人的一支，原来在今蒙古西部直至中亚的广大草原地区生活。13 世纪初，为躲避蒙古强大的军事进攻，而迁至小亚细亚，其酋长埃尔托格鲁尔从罗姆苏丹国接受了位于萨卡里亚河流域靠近拜占庭边境的一块很小的封地。其后，罗姆苏丹国在蒙古人的攻战中解体，埃尔托格鲁尔的儿子奥斯曼（1282 ~ 1326 年）继承首领职位，

这是一幅 15 世纪的法国油画，描绘奥斯曼土耳其人在君士坦丁堡城外安营扎寨、准备围攻拜占庭首都的情景。该城的陷落标志着拜占庭帝国的结束，同时巩固了奥斯曼土耳其人在中东的霸主地位。

趁机扩大势力，打败了邻近的拜占庭军队，宣告奥斯曼土耳其人独立并建国。

奥斯曼独立后，仿效塞尔柱人的军事采邑制，分封土地，使封建关系逐渐建立，同时也刺激了奥斯曼土耳其人的对外扩张。奥斯曼的儿子乌尔汗统治时期（1326 ~ 1359 年）建立了常备军，并依靠这支军事力量，吞并了原来罗姆苏丹国的土地，继而又把矛头指向海峡对岸的欧洲，首当其冲的是东罗马帝国。

1326 年，奥斯曼土耳其人轻取布鲁萨城，并将都城迁到这里。1331 年攻克尼西亚城，1337 年又占领尼科米底亚，从而征服了东罗马帝国在小亚细亚的全部领土，奠定了奥斯曼土耳其帝国的基础。1345 年，东罗马帝国内部因王位之争发生内乱，乌尔汗利用

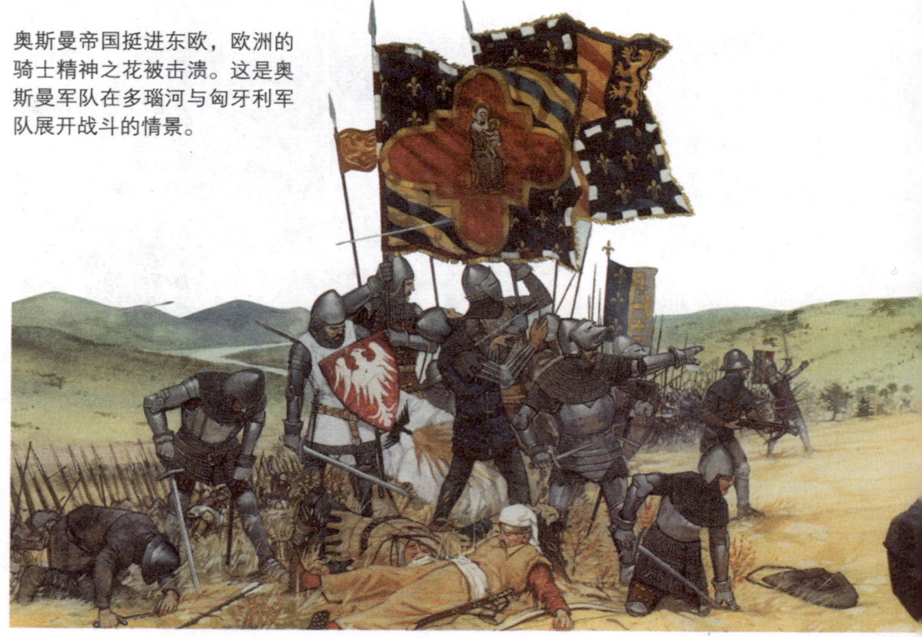

奥斯曼帝国挺进东欧，欧洲的骑士精神之花被击溃。这是奥斯曼军队在多瑙河与匈牙利军队展开战斗的情景。

其矛盾与东罗马皇帝结盟，取得了掠夺巴尔干半岛的特权。1354年，奥斯曼土耳其人渡过达达尼尔海峡，占领了加利波里，并以此为阵地，大举向东南欧地区进攻。

穆拉德一世统治时期（1359 ~ 1389 年）对外扩张进入一个新的阶段。1362 年占领亚得里亚堡，不久在此地建都，遂切断了君士坦丁堡与欧洲大陆的陆上通道，使之变成了一座孤岛。接着转向对保加利亚、塞尔维亚等地进攻。

巴叶齐德时期（1389 ~ 1403 年），奥斯曼土耳其人在科索沃战役中打败了巴尔干各国联军，吞并了塞尔维亚，之后又征服了保加利亚、阿尔巴尼亚等国，震动了整个欧洲。1396 年，奥斯曼军队在多瑙河畔的尼科堡几乎使欧洲天主教诸国组成的十字军全军覆没。到 14 世纪末，巴尔干半岛绝大部分土地被纳入奥斯曼帝国统治之下。

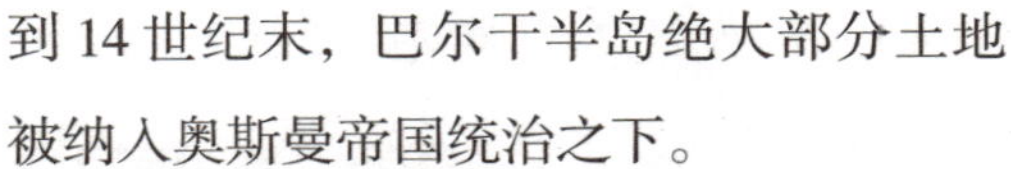

15 世纪，帖木儿帝国的扩张对奥斯曼在亚洲的统治构成直接威胁。1402 年安卡拉一役，奥斯曼军队一败涂地，苏丹巴叶齐德被俘而死，帝国进入内乱时期。

15 世纪中后期，奥斯曼土耳其人又掀起新的扩张高潮。1453 年初，苏丹亲率步兵 7 万多，骑兵 2 万多，战舰 320 艘，从海陆两面围攻君士坦丁堡。

君士坦丁堡位于博斯普鲁斯海峡西岸的一个海岬上，地势险要，东、南临马尔马拉海，沿海地区筑有防御工事，北面金角湾入口处有铁链封锁，西面是陆地，筑有城墙和壕沟。城内军民据险防守，誓死抵抗，奥斯曼军队一时难以取胜。

苏丹采纳了一条建议，以保障热那亚商人在加拉太的商业特权为条件，买通热那亚商人。在加拉太，土军用坚厚的木板铺设了一条道路，板面上涂抹大量的牛脂、洋油，以减少磨擦，土耳其战舰通过这条特殊的航道，运入了金角湾，土军由此完成了对君士坦丁堡围攻的布置。

1453年5月29日，土耳其人占领君士坦丁堡全城。君士坦丁堡的陷落，标志着延续1000多年的东罗马帝国的灭亡。随后，土耳其把君士坦丁堡改名为伊斯坦布尔，奥斯曼帝国从此进入了更加兴旺与强盛的时期。

· 土耳其近卫军 ·

1326年，奥斯曼土耳其帝国创立近卫军。这支部队拥有12000名精锐士兵。直到1923年帝国崩溃，它一直都是帝国军队最重要的组成部分，是苏丹的护卫。它的成员来自从奥斯曼土耳其帝国统治下的巴尔干半岛的基督徒中挑选的10岁左右的小男孩，土耳其人将他们带到土耳其的军事学校中进行长达十几年的严格训练，到二十四五岁的时候，他们就正式在军队中服役了。土耳其近卫军凭借超强的战斗力、严密的组织、优秀的战术素养、狂热的信仰，成为土耳其帝国的精锐部队。在土耳其帝国的扩张战争中，近卫军立下了汗马功劳。

后来，近卫军在土耳其国内的势力越来越大，很多近卫军将领成了地方军事长官，甚至成了随意废立苏丹的力量。

开辟欧亚新航线

自从《马可·波罗游记》在欧洲流传以来，欧洲人一直把东方，特别是中国看成是遍地黄金的人间天堂，所以希望到东方去实现黄金梦的人比比皆是。

达·伽马画像

此前，西方通往东方的重要商路有3条：一条在北部，经小亚细亚、黑海、里海至中亚细亚；一条在中部，从地中海东岸经两河流域至波斯湾，再从海路到达东方各地；还有一条在南部，经埃及的亚历山大港到红海，再从海路到东方。

北部的一条被土耳其人占据着，另外两条被阿拉伯商人控制着。长期以来，欧洲的贵族和商人迫切希望开辟一条绕过地中海东岸，直接到达中国和印度的新航路。

最先探寻通往印度航路的是葡萄牙人。1415年，葡萄牙人攻占了直布罗陀海峡南岸的休达城，建立了第一个殖民地。在后来的 70 年间，他们从未停止沿非洲西海岸向南探险，并先后到达佛得角、几内亚湾、加纳海岸、刚果河口和安哥拉，为远航印度做了充分的准备。

1486 年，葡萄牙人迪亚士带领 3 艘轻便帆船开始远航。第二年抵达非洲最南端的海角，将其命名为“风暴角”，后由葡萄牙国王改名为“好望角”，意为通往印度的希望之角。1497 年 7 月 8 日，达·伽马率领 4 艘帆船从里斯本出发，沿迪亚士当年走过的航线南行，于 11 月到达好望角。接着沿非洲东岸北航，在次年 3 月 1 日抵达莫桑比克。

4 月，由阿拉伯水手引航，从肯尼亚的马林迪横渡印度洋，并于 5 月 20 日抵达印度西海岸的卡利库特城，这是人类历史上首次完成从西欧绕过非洲来到东方的航行，从而开辟了欧亚之间的新航路。

新航线的开辟大大激发了航海家们的探索热情。

阿兹特克文化

这是一本手稿的首页，它向我们讲述了特诺奇蒂特兰城是如何兴盛起来的。图案正中是阿兹特克的标志。

公元9世纪末10世纪初，正当玛雅文化转向衰落时，托尔特克族印第安人征服了墨西哥盆地，创造出引人注目的托尔特克文化，后起的阿兹特克人又吸收了托尔特克人的文化成分。

阿兹特克人原在墨西哥西部的海岛上居住，据传说战神辉齐波罗齐特利曾给他们这样的启示：如果看到一只鹰站在仙人掌上啄食一条蛇，那就是他们定居的地方。后来，祭司按照神意带领族人定居在墨西哥的特斯科科湖西岸，阿兹特克人称该地为“墨西哥”，意为战神指定的地方。现今，嘴里叼着蛇的雄鹰的图案成为墨西哥国徽。

1325年，阿兹特克人在湖中的小岛上建立了都城——特诺奇蒂特兰城（今墨西哥城）。至孟特祖玛一世（1440 ~ 1469年在位）

·特奥地瓦坎城·

在墨西哥历史上被称为“帝王之都”的特奥地瓦坎城位于与墨西哥谷地相邻的特奥地瓦坎谷地。于公元前200年修建，占地20平方千米，它的前身是一个很大的村落。

城中一个南北方向的长方形广场被后人称为“亡者之路”。在其南边，太阳金字塔巍然屹立。太阳金字塔是6层台阶式的建筑，它的塔基是正方形的，全塔高63米，是墨西哥古代建筑中的最高者。它的北面有月亮金字塔，形式与它相差无几。在顶层，都建有神庙。这种金字塔上建“台庙”的形式，在玛雅、印加地区是很常见的。特奥地瓦坎城中，与太阳金字塔相媲美的还有羽蛇金字塔。雨水之神是古代印第安人幸福生活的源泉，也是他们的保护神。这座羽蛇金字塔建造于12世纪，是用石料敷设的，四层的梯级上，一排排羽蛇头像整齐罗列，336个蛇首神采飞扬。

时期，阿兹特克人已经控制了整个墨西哥盆地，形成了早期奴隶制国家。阿兹特克国家的权力机关是“最高会议”，由20名氏族首领组成，从中选出两名执政，一个管民事，一个管军事，后者权力较大，被视为神的化身。土地仍为村社公有，但土地私有和贫富分化现象已经出现，战俘和负债人沦为奴隶的现象普遍存在。阿兹特克人的文化受到玛雅文化的影响。农业是主要的经济形式，他们发展了一种独特的农业耕作法——“浮园耕作法”，即在用芦苇编成的芦筏上堆积泥土，浮在水面，然后在这新造的土地上种植作物和果树，利用树根来巩固这些人造浮动园圃。同时也利用湖边的土地种植玉米、豆类、南瓜、西红柿、甘薯、龙舌兰、无花果、可可、棉花、烟草和仙人掌等。狗是他们唯一的家畜，家禽主要是火鸡。

他们能冶炼金、银、铜、锡和青铜。阿兹特克人的制陶技术也很高明，他们制造的陶器是褐地黑纹，纹样多用复杂的几何图案和花鸟鱼虫等题材，质地精良，形状优美。在纺织和织品的图案艺术方面，尤其出色。阿兹特克人的羽绣，用羽毛镶嵌制成的羽毛饰物，精美异常。保存下来的几件作品，虽经数百年，但仍然光泽鲜艳，质地坚固，足见制作技术之精良。

阿兹特克人的历法和象形文字同玛雅人相似。他们将一年定为365.06天，分成18个月，每月20天，每周5天。每天都有特定的名称，如猴日、雨日、海兽日等。阿兹特

印第安武士石像

这些高大的印第安武士石像耸立在墨西哥图拉古城的羽蛇神金字塔庙的顶端，曾经是支撑庙宇屋顶的柱石。这是托尔特克文明的产物之一，托尔特克是阿兹特克之前在墨西哥叱咤风云的三大部落之一，他们创造出了令人瞩目的文化，图拉城是他们的首都。

·印第安语言·

在多达1000余种的印第安语言中，最发达的是印加人的克丘亚语、阿兹特克人的纳瓦特尔语和玛雅人的基切语。印第安文化中，只有玛雅人有象形文字，并有用象形文字写成的书籍，但几乎都被西班牙征服者烧毁。现在仅存的3册手抄本也没人能读懂其内容，据研究，它们可能是有关历法、数学和仪典的著作。

通常被称为古代印第安文学的作品，大多是在征服和殖民时期由欧洲人所记录或抄写的。最早从事印第安文学收集工作的是西班牙传教士，他们有的根据印第安人的口述整理，有的根据象形文字的记载加以诠释，难免误解、篡改或伪造。此外，西班牙人所收集的印第安文学作品，其年代一般都在15世纪末叶前后。现已经整理和翻译出一部分比较重要的印第安古代文学作品。

克人的象形文字书籍与玛雅人几乎遭受同样的命运，多被西班牙殖民者焚毁，保存下来的只有两部"贡赋册"，它是了解阿兹特克人社会生活的宝贵资料。

首都特诺奇蒂特兰城集中体现了阿兹特克人的建筑艺术。城市建在两个小岛上，有3条宽阔的长堤与湖岸相连，其中一条长达11.2千米，长堤上架有可以阻敌的吊桥。城内街道整齐，花园遍布，供水系统完备，居民超过10万人，比当时的伦敦、巴黎还要大。全城共建有金字塔神庙40座，位于中心广场的最大一座高达35米，有144级台阶。富人住宅都涂成白色或红色，极为富丽壮观。西班牙殖民者科泰斯率军来侵时，由于各部落不能团结一致，又加上国王孟特祖玛动摇不定和叛徒内奸的叛卖活动，1521年阿兹特克被西班牙征服。

地理大发现

哥伦布（1451 ~ 1506 年）出生于意大利的热那亚城。那里航海业发达，年轻的哥伦布热衷于航海和冒险。这些条件为其日后的远航打下了基础。

15 ~ 16 世纪的欧洲，地圆学说已广为传播。人们相信从欧洲海岸出发一直向西，便可以到达东方。而《马可·波罗游记》又把东方描写为遍地是黄金和香料的天堂。当时的欧洲，随着商品经济的发

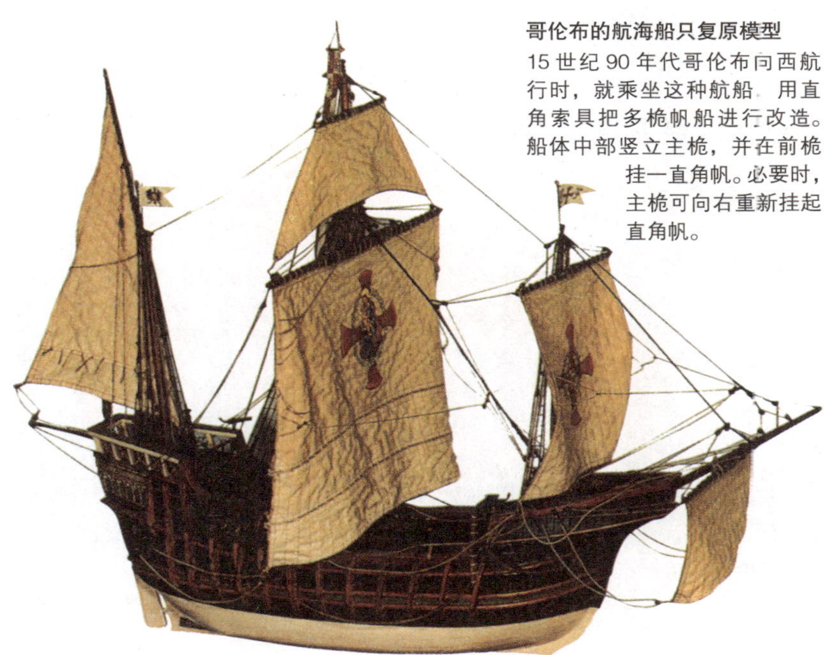

哥伦布的航海船只复原模型

15 世纪 90 年代哥伦布向西航行时，就乘坐这种航船。用直角索具把多桅帆船进行改造。船体中部竖立主桅，并在前桅挂一直角帆。必要时，主桅可向右重新挂起直角帆。

展和资本主义萌芽的出现，发生了所谓的“货币危机”，即作为币材的黄金白银严重匮乏。许多欧洲人狂热地想到东方去攫取黄金，以圆自己的发财梦，哥伦布便是其中的代表人物。哥伦布自幼就酷爱航海，15 岁就跟随货船在地中海上航行。

梦想归梦想，去东方在当时可不是一件容易的事。传统的东西方之间陆上贸易通道已被崛起的土耳其帝国隔断，地中海上的通路又为阿拉伯人把持。欧洲人要圆自己的梦，必须开辟新航路。可喜的是此时中国的指南针业已传入欧洲，而欧洲的造船业也达到相当的水平。这时年富力强的克里斯托弗·哥伦布认为条件已经成熟，决定进行一次远航。

第一次航行并不顺利，首要的问题是找不到赞助者。哥伦布 1486 年就向西班牙王宫提出了自己的设想，直到 1491 年才获批准。双方签订《圣大非协定》。在西班牙王室支持下，1492 年 8 月

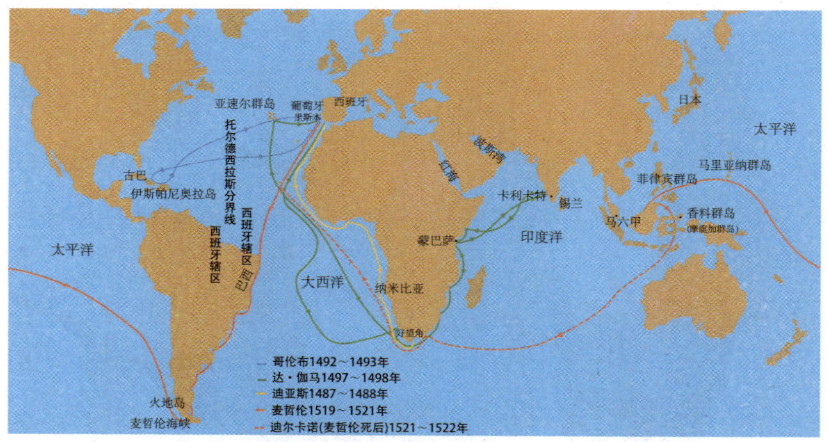

航海地图示意图

在 1487 年至 1522 年不到 40 年的时间里，梦想发财致富、满怀宗教热忱的西班牙和葡萄牙探险家不断地探寻新的发财之地。

3 日，哥伦布率领由 3 艘船组成的舰队从西班牙的巴罗斯港出发，开始了人类历史上首次穿越大西洋的航行，他们一行共 87 人，经过两个多月的颠簸，哥伦布一行终于发现了一片陆地，草木葱茏。他们欣喜地上岸，并将其命为圣萨尔瓦多，意为救世主。这个岛屿就是现在巴哈马群岛中的一个，现名为华特霖岛。这时哥伦布犯了一个错误，他以为已经到了印度就没有再向西航行，而是转道向南，沿着海岸线，陆续到达了今天的古巴和海地。他称这一带的土著人为印第安人（即印度人），并了解了他们的风土人情，只是没有得到大量的黄金。

哥伦布像

哥伦布是意大利著名的航海家，自幼喜欢冒险，为寻找传说中金银遍地的中国和印度，他四次横渡大西洋，并首次发现了美洲大陆，为以后的殖民掠夺打下了基础。

虽然没有直接获取黄金，但哥伦布也不虚此行。他一上岸就与当地的土著进行欺诈性贸易，以各种废旧物品换取他们的珍奇、贵重的财物。而善良的土著人待之如上宾，主动帮助他们适应当地的生活方式，如建筑房屋、采集和狩猎等。这些野心勃勃的殖民者却在站稳脚跟后，对当地人进行疯狂掠夺和残酷的压榨。临走的时候，还掳走了 10 名印第安人。1493 年的 3 月 15 日，号称“大西洋海军元帅”的哥伦布，在经过 240 天的远航后，回到出发地巴罗斯港，消息轰动了整个西班牙和欧洲。哥伦布展示了他从美洲带回的金饰珠宝和珍禽异兽，并向人们宣布他已找到去东方的新航路。哥伦布由此受到国王的嘉奖，平步青云地跻身贵族行列。1493 年 5 月 29 日，西班牙国王颁布命令授予哥伦布新发现的岛屿和陆地的海军总司令、钦差和总督的头衔，并向他颁发了授衔证书。

不久，尝到甜头的西班牙王室让哥伦布再度远航。在第二次航行中，哥伦布到达海地和多米尼加等地区。1498 年和 1502 年，哥伦布又两次航行美洲，扩大了对美洲大陆的探索范围，但始终未能找到中国和印度，也未能给西班牙王室带回他们期望的黄金，逐渐被冷落。1506 年的 5 月 20 日，哥伦布在西班牙的瓦里阿多里城郁郁而终。

哥伦布发现了美洲新大陆，但到死也说自己到了印度，今天的东印度群岛的名称即来源于此。后来，一个叫亚美利哥的意大利人发现哥伦布到达的不是印度，而是一个原来不为人所知的大陆，这块大陆就以亚美利哥的名字被命名为亚美利加洲

·麦哲伦海峡·

麦哲伦海峡位于南美大陆南端的火地岛、克拉伦斯岛、圣伊内斯岛之间，东连大西洋，西通太平洋，东西长 580 千米，南北宽 3.3 ~ 33 千米。海峡分为东、西两段，中间是弗罗厄德角。西段入口宽为 48 千米，最窄的地方仅有 3.3 千米，水深可达 1000 多米。两岸都是陡峭的冰山，景象蔚为壮观。东段转为开阔但水势浅，最浅处水深不足 20 米，两岸则是茵茵绿草，风景怡人。统观麦哲伦海峡，正处于南纬 50 多度的西风带。因此海峡经常是大雾弥漫、白浪滔天，对航行极为不利，但一直是两大洋之间的重要航道，直到巴拿马运河开通为止。

（America），简称美洲。美洲的发现开拓了人们的眼界，使世界逐步连为一体，对于扩大世界范围内的交流和推动人类文明进步有一定积极意义；同时也引发了大规模的殖民扩张，为当地的人民带来空前的灾难。

麦哲伦，全名费尔南多·麦哲伦，是世界著名航海家，出身于葡萄牙贵族。在他生活的时代，已有哥伦布发现新大陆和达·伽马开辟通向东方的新航道的航海壮举。在前人的激励下，麦哲伦决定做一次真正意义上的环球航行，以实证地圆学说。

开始，麦哲伦求助于葡萄牙王室，未果。转而向西班牙国王请求资助。获准以后，麦哲伦率领一支由 5 艘帆船和来自 9 个国家的 270 名水手组成的船队，于 1519 年 9 月 20 日从西班牙塞维利亚港出发，向西驶入大西洋。6 天以后到达特内里费岛，稍事休整，于 10 月 3 日继续向巴西远航，终于 11 月 29 驶抵圣奥古斯丁角西南方 27 里格处（里格，长度单位）。之后，船队继续向南，次年的 3 月才到达阿根廷南部的圣朱利安港。当时的自然条件对航行极为不利，寒冷的天气使得缺衣少食的船员开始怀疑此行的价值，由于人心不稳，还发生了 3 名船员叛乱的事件。麦哲伦凭其卓越的领导才能，果断地平息了叛乱，并处死了肇事者。在圣朱利安港一直待到这一年的 8 月，为的是等待天气的好转。

根据麦哲伦等人的航海日志，船队于 1520 年 8 月 24 日离开圣朱利安港南下，10 月 21 日绕过了维尔京角进入了智利南端的一道海峡（后被命名为麦哲伦海峡）。由于该海峡水流湍急，麦哲伦的船队只得小心翼翼地前进，经过 20 多天他们才驶出海峡，在此期间有两条船沉没。10 月 28 日，麦哲伦等人出了海峡西口进入“南面的海”，幸运的是在这片海域的110天航行竟然没有遇上过巨浪，故而船员称之为“太平洋”。然后开始了横渡太平洋的艰难历程。由于长时间的曝晒，船上的柏油融化，饮用水蒸发殆尽，食物也变质甚至生了蛆虫。船员无奈之下只得以牛皮绳和舱中的老鼠充饥。许多人因此而丧命，其艰难困苦可见一斑，但最危险的时刻还没有到来。

经过严重的减员之后，麦哲伦的船队于1521年3月份抵达马里亚纳群岛中的关岛。在这里船员们获得梦寐以求的新鲜食物，他们感觉自己好像进入了天堂。在这里他们停下来修整了一段时间以恢复体力，之后他们继续向西航行，到达了菲律宾群岛。至此，麦哲伦本人也走到了生命的尽头。

在登上菲律宾群岛的宿雾岛后不久，这些殖民者的真实面目就显露出来。麦哲伦妄图利用岛上两部落的矛盾来控制这块富饶的土地，不料在帮助其中一个部落进攻另一个部落时，被土著人杀死。环球航行面临夭折的危险。幸好麦哲伦的得力助手迪尔卡诺带领余下的两船逃离虎口，他们穿过马六甲海峡进入印度洋，这时仅有两只船，又被葡萄牙海军俘去一只。迪尔卡诺只好带领仅存的“维多利亚”号绕过好望角，回到西班牙的塞维利亚港，这时已是1522年9月6日。经过3年多的航行，原来浩浩荡荡的船队只剩下一艘船和18名船员，可见这次航行代价之大。

历时3年多的环球航行，以铁的事实证明了地球是圆的，使“天圆地方说”不攻自破，同时也使世界的形势大大改观，宣布了一个新时代的到来。麦哲伦等人为世界航海史、科学史作出巨大贡献的同时，客观上也给殖民主义扩张开辟了广阔的道路。

地理大发现带来的革命

地理大发现引发了“商业革命”和“价格革命”。

商业革命的主要内容是：形成世界市场，增加了商品种类和商品流通量，商路和商业中心的转移以及商业经营方式的发展。

地理大发现之后，随着西欧商人的贸易范围的进一步扩大，欧洲与亚洲、非洲、美洲之间建立了直接的商业联系，东西半球及其局部地区彼此隔绝、不相往来的状况得到根本改变。

同时世界市场开始形成，从而为新兴资产阶级开辟了更广阔的活动空间。

欧洲市场上汇集了来自各大洲的商品，如美洲的可可、烟草，非洲的象牙、咖啡，亚洲的茶叶、香料、丝绸。商品不仅种类繁

地理大发现大大促进了欧洲与美洲乃至世界各地的贸易往来。

多，而且流通量大增。

主要商路和国际贸易中心地中海商业城市逐渐衰落，与此同时，大西洋沿岸的里斯本、塞维利亚、安特卫普和伦敦取而代之。

此外，商业经营方式也发生了变化，股份公司、证券交易所、银行信贷业、保险业等相继兴起，使已经萌芽的资本主义得以迅速发展。

“价格革命”是指欧洲殖民主义者从殖民地特别是美洲掠夺了大量金银，使欧洲市场上的货币流通量剧增，从而导致物价上涨。据资料记载：在一个世纪内，西欧的黄金数量增加了 117%，白银增加了 206%；西欧各国的物价平均上涨 2 倍左右，西班牙则高达 4.5 倍。

“价格革命”使新兴的工商业资产阶级以及与市场有联系的贵族牟取了暴利，赚得了巨额资本，而收取定额货币地租的封建贵族的实际收入则大大减少，经济地位每况愈下。“价格革命”是资本原始积累的因素之一，它加速了西欧封建制的衰落与资本主义的发展。

从整个人类历史的进程来看，地理大发现开辟了欧洲人的海上新时代，人类活动空间从大陆转向海洋，改变了东西两半球相对隔绝互不往来的格局。

这样，由地理大发现引发的商业革命，通过以西欧为中心的世界贸易网把原先半封闭的地区性经济联系起来，形成资本主义的世界市场，在人类历史上第一次出现了东西两半球多种文明的汇合与全球一体化的新进程，从而使世界的发展逐渐形成一个全新的格局。

印加帝国

南美洲安第斯高原是美洲古代文明的另一个发祥地。

最早生活在这里的古代居民是奇楚亚、艾马拉以及其他语系的部落。公元前若干世纪，他们就创造了发展水平较高的农业文明。印加人是奇楚亚语系的部落之一。12世纪，以库斯科（今秘鲁南部）为都城建立印加国家。

印加在13 ~ 15世纪时，还处在部落联盟阶段。

1438 ~ 1533年，印加逐步发展为统一而强大的奴隶制帝国，它的版图以秘鲁为中心，包括哥伦比亚、厄瓜多尔、玻利维亚、阿根廷和智利的一部分，人口达到600万以上。

印加帝国有着比较完备的奴隶制统治机构。国王被视为太阳之子，神的化身，权力至高无上；贵族和祭司享有特权，靠剥削农民和奴隶为生。

全国分为4个区，每区下辖几个省。社会的基层单位是“艾柳”，即农村公社。村社土地分为3种：“印加田”归国家所有，“太

印加人金像

阳田”供祭司或宗教所用，“公社田”属村社所有。3 种土地都由农民耕种，除此之外，农民要向国家纳税、服劳役。

印加人对人类农业文明的发展做出过重大贡献。他们培植了大约 40 多种农作物，以玉米和马铃薯为主要粮食作物，此外还有南瓜、甘薯、西红柿、可可、菠萝、龙舌兰、木薯、花生和棉花等，这些作物大都是由印加传到其他大陆的。

印加人为扩充耕地面积，在坡上筑起层层梯田，并建立了灌溉系统，把山涧溪流引进渠道，进行灌溉。

畜牧业方面，主要驯养美洲驼和羊驼。驼和羊对古代印加人来说，具有特别重要的意义。因为古代印加人不知用轮车运输，

秘鲁印加文化遗迹——马丘比丘

“马丘比丘”的意思是“古老的山峰”，它坐落于安第斯山脉地区两座险峻的山峰之间，是印加帝国的都城遗址。这座建于西班牙人入侵前 100 年的城堡，现已成为传奇般的印加文明最著名的遗迹。

而驼则是良好的驮畜。驼和羊的毛、皮、肉和油脂，还是解决衣食之需的重要物资。

鱼形容器

鱼是喀喀湖地区印加人的主要食物，也是工匠们的选题之一。

印加人的采矿冶金、建筑工程、驿道交通、纺织技术、医药知识都达到较高的水平。很早就掌握了冶炼青铜技术，他们用铜、金、银、锡、铅等制造各种精美的器皿和装饰品。制陶工艺也十分精巧，陶盆和陶罐上雕有各种美观的图案。

库斯科的太阳神庙宏伟壮丽，它是用黄金和宝石装饰成的巨大建筑，石块和石块之间，不施灰浆，严密合缝，甚至连刀片都插不进去。

印加人修筑了两条纵贯全国的公路，一条沿海，一条穿山，全长 2000 多千米，沿途建有无数隧道和用藤蔓筑起的吊桥。棉、毛织品精美别致，工艺精湛。手工业者逐渐专业化，成为专门的手工工匠。

印加人已经掌握了相当丰富的科学知识。首都库斯科建有观象台，用以观测太阳的位置，来确定农业生产节气和祭祀时间。印加人崇拜天体，特别崇拜太阳，所以他们的天文知识多和宗教有关。

在医药知识方面，印加人初步掌握了外科学、解剖学和麻醉学等知识。他们会做开颅手术，用一种从植物中提取的药物作麻醉剂。为了保存尸体，他们学会制作木乃伊。

此外他们还认识了许多珍贵药物，如金鸡纳、吐根、藿香膏

·库斯科城·

库斯科城是印加帝国的首都，它的毁灭是由于西班牙殖民者的入侵，其时在16世纪。在此之前，库斯科依然发挥着“世界中心”的作用。库斯科的十二个街区，都围绕着太阳神中心广场，这广场也是宗教活动的主要场所。太阳神庙位于广场的东北，是属于金字塔式的建筑，顶上有由五间房子组成的神殿。太阳神殿严丝合缝，各石头缝隙间，连刀片也插不进去。以黄金雕琢的玉米和花草树木，以及黄金制成的板壁与宝座，都是出于存放皇帝木乃伊的目的而建造的。用来建筑太阳神庙的巨石，最重的一块有3000多吨。与太阳神庙相配套的还有月亮神庙和羽蛇神庙等。

在通往库斯科城的隘口上，印加人用巨石垒筑了许多城关堡垒。其中有一处萨克赛瓦的古堡，是用每块几十吨乃至几百吨的巨石垒砌的，非常雄伟，易守难攻。这座古堡花费的石工就有30万人，建造了70年才竣工。

和番木鳖等。

印加人没有文字，用结绳记事。由于没有文字，印加国家众多的部落方言很难沟通。印加人以奇楚亚语为官方语言，并创办学校，教授奇楚亚语和结绳记事方法，以推广奇楚亚语的应用范围。

1531年，皮萨罗率领西班牙殖民者入侵印加帝国。

第二年，他们诱捕了印加王阿塔瓦尔帕。在骗取了印第安人的大量赎金之后，1533年又残忍地杀害了他，印加帝国从此灭亡。

殖民掠夺

殖民主义者用征服、奴役甚至消灭殖民地人民的残酷手段积累了巨额财富。殖民掠夺给亚、非、拉人民带来了深重的灾难，严重阻碍了这些国家和地区的发展进程。

新航路开辟后，葡萄牙和西班牙这两个中央集权制的封建国家积极向外扩张，最早走上了殖民侵略之路。

从 15 世纪起，葡萄牙人就在非洲西海岸的几内亚、刚果、安哥拉等地设立了殖民侵略据点。16 世纪初期，葡萄牙殖民者又占领了东非海岸的莫桑比克、索法拉、基尔瓦、蒙巴萨和桑给巴尔等地，并将这些据点作为从西欧到东方这条漫长航线上的补给站。1506 年和 1508 年，葡萄牙先后占领了亚丁湾入口处的索科

这个非洲人制作的铜像，塑造了一个葡萄牙士兵正在用火绳枪射击的情景。从 16 世纪开始，葡萄牙人就将枪炮卖给西非海岸的国王们，然后换回黄金、象牙和奴隶。

这四幅画记录了西班牙人在墨西哥的暴行。

特拉岛和波斯湾入口处的霍尔木兹岛这两个海上交通要津，从而控制了连接红海和亚洲南部的海路。16 世纪初，葡萄牙确立了印度洋上的海上霸权。为了控制印度，夺取卡利卡特的企图虽然失败了，但葡萄牙于 1510 年攻占了果阿，建立了自己在东方的殖民总部。接着入侵了锡兰（今斯里兰卡）。1511 年，它夺去了马六甲，这是通往东南亚的交通咽喉。后来，葡萄牙人继续侵占了印度西海岸的第乌、达曼及孟买。

此外，还在苏门答腊、爪哇、加里曼丹及摩鹿加群岛（今马鲁古群岛）建立商站。在中国又夺取了澳门，作为经营东亚贸易的中心。葡萄牙人还到达了日本，并于 1548 年在日本的九州设立了第一个欧洲人的商站。这样，葡萄牙就成为垄断欧亚之间及中国、日本和菲律宾之间贸易的霸主。

葡萄牙扩张的主要方向是非洲和亚洲诸国，但它也入侵了美洲新大陆。1500 年，葡萄牙一支远征队准备去印度，但在途中因赤道海流的冲击而偏离轨道，漂流到了南美洲的巴西。这样，巴

西就成了葡萄牙的殖民地。

西班牙在海外建立的殖民地，要比葡萄牙的殖民地大得多，其主体部分在美洲新大陆。新大陆盛产金银，与东方香料有同等或更大的价值，因此西班牙便把主要注意力集中到这里。

哥伦布发现美洲，揭开了西班牙殖民者远征美洲的序幕。从15世纪末到16世纪初，西班牙人首先把加勒比海和西印度群岛纳入自己的势力范围，先后在海地、牙买加、波多黎各等地建立殖民据点，并以此为基地开始对中南美洲广大地区进行武力征服。1521年，西班牙贵族科泰斯率军征服墨西哥，摧毁了印第安人古代文明的中心——“阿兹特克帝国”。1533年，西班牙冒险家皮萨罗率军占领了印加人的首府库斯科，使印第安人古代文明的另一中心“印加帝国”也惨遭涂炭，从此沦为西班牙的殖民地。此后，西班牙殖民者在不足20年的时间内，相继征服了厄瓜多尔、乌拉圭、玻利维亚、哥伦比亚、阿根廷等地。到16世纪中叶，除葡属巴西外，整个中南美洲几乎全部成为西班牙的殖民地，西班牙在中南美洲建立起庞大的殖民帝国。西班牙在当地设立殖民政府，委派总督治理，并向殖民地大量移民。贵族、商人、僧侣纷纷涌入美洲，大肆掠夺印第安人的土地和财富，建立封建的大地产制。

从早期殖民征服的目的来看，西、葡两国王室积极组织和支持海外探险活动，大肆进行殖民掠夺，主要是为了扩大封建统治范围。

葡萄牙人早在沿着非洲西海岸探险时，就宣布西非为葡萄牙王室所有，并求得罗马教皇认可。自哥伦布首航之后，西班牙派出的所有远征队每到一地，就将该地宣布为西班牙王室的财产，这都是典型的封建殖民侵略。

从早期殖民征服导致的直接后果来说，在海外，葡萄牙沿亚非海岸线建立了一个个殖民据点，控制了东西方商路，进行封建性的掠夺贸易。而西班牙不仅在中南美洲建立了庞大的殖民帝国，还将本国的封建制度移植到殖民地，建立了封建的大地产制。在国内，两国在殖民征服过程中掠夺了大量财富，使本国封建统治阶级有牢固的物质基础，当西欧其他国家的封建制度日趋解体时，西班牙和葡萄牙的封建制度却一度得到加强。两国将掠夺所得的金银财富大量用于维持庞大的官僚机构和对外的征服战争中，同时，王室、贵族和商人将大量的钱财花在进口各种商品上，以满足其奢侈的生活享受。

因此，这些钱财不仅没有在两国起到资本原始积累的作用，反而打击了本国工业，延缓了资本主义发展的进程，使其很快丧失了殖民优势。

奴隶贸易

从15世纪中叶至19世纪末，非洲历史上出现了一次骇人听闻的大灾难，这就是马克思称之为“贩卖人类血肉”的奴隶贸易。西方殖民者一手制造了这场长达4个多世纪的历史悲剧。

奴隶堡
位于塞内加尔戈雷岛东部，有两层楼高。上层住奴隶主，下层住奴隶。

15世纪初，西方殖民者纷纷进行海外扩张。随着殖民扩张的发展，掠夺黑人作为奴隶的交易活动开始出现。到15世纪中叶，随着美洲被发现、种植园的创建、金银矿的开发，罪恶的奴隶贸易随之愈演愈烈。最早掠卖黑奴的是葡萄牙和西班牙殖民者，16世纪下半叶，荷兰、丹麦、法国、英国等国的殖民者相继加入其中。从17世纪中叶至18世纪下半叶，奴隶贸易发展到最猖獗的程度。17世纪中叶以后的150年间，奴隶贸易已经成为非洲与欧洲、美洲之间唯一的贸易活动。在贩奴活动的方式方面，除了存在“三角贸易”外，英法等国相继成立贸易公司，垄断对非洲的奴隶贸易。18世纪时，奴隶贸易成为世界最大的商业贸易之一。这时候，英国取得奴隶贸易的垄断权，利物浦成为奴隶中心市场。19 世纪前半叶，美国殖民者也大肆从非洲劫掠黑人，高价卖给矿主和种植园主作为奴隶，牟取暴利。西方殖民者把黑人作为商品转卖到西印度群岛和南、北美洲大陆的种植园里，也有的被运到阿拉伯国家和亚洲其他国家。因此，奴隶贸易实际上涉及今天的欧、北美、亚、非和拉丁美洲五大洲。据统计，有 2 亿多非洲黑人惨遭此劫。他们有的在捕捉时被杀害，有的在贩运的路上被折磨致死，幸存下来的则被作为商品，多数被卖到了美洲种植园，过着牛马不如的生活。

奴隶贸易大致可分为三个阶段。15 世纪中叶至 16 世纪 80 年代是初期阶段，以海盗式掠卖为主要特征；16 世纪 80 年代到 18 世纪下半叶是以奴隶专卖组织垄断为中心的全盛时期；18 世纪末

·刚果王国·

非洲班图族刚果人建立的国家，约建于 14 世纪。15 世纪末，国王恩赞加·库武大举扩张，领土东到刚果河，西至大西洋，南达洛热河，北抵刚果河北岸。王国有一套完整的中央和地方统治机构，王是最高统治者，下设首相和权力很大的六总督委员会。全国分 6 省，由总督治理。刚果以农业为主，生产稻、麦、高粱、香蕉、棕榈果和 16 世纪初从美洲传来的玉米、薯类，冶金、造船和棕榈叶编织比较发达。对冶金生产尤为重视。1448 年，葡萄牙殖民者大量闯入，国王和部分贵族领先加入天主教，首都改名圣萨尔瓦多。16 世纪中叶，国势衰落。1665 年，王国取消葡萄牙人的采矿权，双方发生战争。国王战死，王国分裂为 3 个小国，1900 年灭亡。

贩奴船上的残暴行径

到19世纪末是以奴隶走私为特点的“禁止”奴隶贸易时期。

奴隶贩子最典型的航线是三角形的。第一段航程是满载货物的船只从本国港口驶向非洲，货物有盐、布匹、火器、五金和念珠等；然后将这些货物换成由非洲当地人从内地运到沿海地区的奴隶，再把这些受害者装进条件恶劣的船舱，沿着所谓的“中央航路”运过大西洋，到达目的地新大陆；最后一段航程是船只满载种植园的产品，如糖、糖浆、烟草、稻米等返回本国。

在这个三角航程中，奴隶的待遇是：难以忍受的拥挤、令人窒息的炎热和少得可怜的食物。饮食标准为每24小时供给一次玉米和水。奴隶如果绝食，就会遭到鞭打。若鞭打不奏效，贩子就用烙铁强迫他们进食。由于奴隶通常处在肮脏的环境中，因此，当流行病爆发时，为了防止疾病传播，生病的奴隶便被扔进海里淹死。奴隶不愿忍受痛苦而跳海的事情屡屡发生。

由于能获得巨额利润，即使在贩奴过程中黑人死亡率高达80%，利润仍高达10倍。各既得利益集团都坚决反对任何控制或废除奴隶贸易的建议。首先，所有的非洲酋长就反对，因为他们用一个强壮的奴隶可换得20 ~ 30英镑。非洲经纪人曾从这种贸易中获得巨额利润，他们也竭力反对所有废除这种贸易的建议。南北非洲的种植园主，尤其是18世纪在英国议会中拥有席位的巴巴多斯的种植园主，也支持奴隶贸易。

奴隶贸易为西方殖民国家聚敛了巨额财富，成为资本原始积累的重要来源。它对美洲的开发起了极大的促进作用，但对非洲却是一场深重的灾难。曾是人类文明发源地之一的非洲大陆因此失去大量人口，社会生产力遭到严重破坏。非洲人口占世界总人口的比重，由1500年的11%下降到1900年的6.8%。非洲各国或部落之间经常发生争夺奴隶的战争，许多村庄被劫，城镇衰落，生产力遭到严重破坏，非洲社会倒退了几百年。这是人类历史上最为黑暗、最为可耻的一页！

19世纪初，工业资本主义最发达的英国在世界范围内带头开始掀起了废除奴隶制的运动，从此，废奴运动在世界各地此起彼伏，形成一股不可阻挡的历史潮流。

1807年，英国通过一项法令规定船只不得参与奴隶贸易，并禁止向英国殖民地运送奴隶。1833年，议会通过了一项法令，在英国本土彻底废除奴隶制，并向蓄奴者提供2000万英镑赔偿费。英国进而说服欧洲其他国家以它为榜样，允许英国军舰捕捉挂别国国旗的贩奴船。

海地、美国和巴西分别于1803年、1863年和1888年废除奴隶制，古巴大约也在1888年废除奴隶制。此后还有一些别的国家相继废除奴隶制，广大被压迫的奴隶迎来了他们的新生。尽管如此，世界范围的贩奴运动并没有戛然而止，断断续续的贩奴活动又持续了近百年，直到19世纪末才基本结束。

文艺复兴

14 ~ 15 世纪以来，在西欧封建社会内部，逐渐产生了资本主义的萌芽。随着资本主义的产生，资产阶级开始形成并且登上历史舞台。为了维护和发展政治、经济利益，资产阶级首先在思想文化领域发动了一场反封建、反教会的新文化运动。这场运动是从复兴古希腊、罗马文化开始的，因而被称为“文艺复兴”。它的内容也不限于文学、艺术，还包括政治学、历史学、哲学以及自然科学等。它实际上是新兴资产阶级在意识形态领域的革命，是一次思想解放运动。它的指导思想是人文主义。文艺复兴最早发源于 14 世纪的意大利，以后逐渐扩大到其他国家，16 世纪达到全盛，17 世纪中期结束，分为 3 个时期。

蒙娜丽莎　达·芬奇
现藏于巴黎卢浮宫。

早期，从 1321 年到 15 世纪中期。这一时期，文艺复兴的活动主要在意大利，从佛罗伦萨逐渐扩大到罗马、米兰、威尼斯及那不勒斯等地。首先是文学，出现了著名的文学三杰：但丁、彼特拉克和薄伽丘。彼特拉克最早用人文主义的观点阐述古典著作，被称为“人文主义之父”。继而扩及史学，如布鲁尼的《佛罗伦萨史》和比昂多的《罗马衰亡以来的千年史》等。在文史领域中，人文主义观点和现实主义创作方法开始结合。

中期，从15世纪中期到16世纪中期。与早期文艺复兴相比，中期文艺复兴呈现出一些新的特点和气象。早期文艺复兴仅局限于以佛罗伦萨为中心的意大利，而且只是表现在文学艺术领域内。它对人们的思想观念，特别是对宗教神学观的冲击极为有限，它更多的是继承了古典文化的传统。而中期文艺复兴几乎遍及西欧各国，文艺复兴不仅在文学艺术领域，而且在政治思想、哲学思想、自然科学的各个领域里展开。它以创新的精神，取得了一系列辉煌的成就。

意大利后期文艺复兴的主要代表人物有人文主义艺术大师达·芬奇、米开朗琪罗、拉斐尔和政治思想家马基雅维里、康帕内拉等。

意大利绘画发展到15世纪，出现了文艺复兴美术三杰，他们是达·芬奇、米开朗琪罗和拉斐尔。这一时期美术的主要题材还是宗教。

达·芬奇出生于1452年，16岁时去佛罗伦萨学艺，很快就熟练运用雕塑与绘画的艺术手法，在当时的佛罗伦萨已小有名气。后来他去了米兰，在那里，他创作了举世闻名的壁画《最后的晚餐》。这幅画他画了3年。《最后的晚餐》取材于《马太福音》。耶

·但丁与《神曲》·

但丁是意大利诗人。1265 年 5 月出生在佛罗伦萨的一个小贵族家庭，少年时代师从著名学者布鲁内托·拉蒂尼学习修辞学、文法和拉丁文等，并掌握了丰富的古典文化知识。后来因政治失意而被流放。他提议用意大利语进行文学创作，并著有《论俗语》一书，对意大利民族语言的形成有重要影响。《新生》(1292 ~ 1293 年）是他的第一部作品，是“温柔的新体诗”的最高成就，也是西欧文学史上第一部向读者剖析作者最隐秘的思想感情的自传性作品。放逐期间写的《神曲》是但丁最著名的作品，此外还有《飨宴》《帝制论》等著作。由于但丁的作品有从中世纪向资本主义时代过渡的特点，所以他被恩格斯称为“中世纪的最后一位诗人，同时又是新时代的最初一位诗人”。

稣与 12 个门徒聚餐，席间，他对大家说：“你们中间有一个人出卖了我。”门徒们猝不及防，非常吃惊，问到底是谁。耶稣说：“同我一样把手蘸在盘子里的人就是。”画面上的众门徒神态各异，生动传神，富有戏剧冲突和强烈的时空效果，能提起观众的情绪。

《蒙娜丽莎》是达·芬奇在当学徒时的作品。当时蒙娜丽莎年仅 24 岁，是一位皮货商的妻子。她刚失去儿子，郁郁寡欢。但达·芬奇竭力表现出她难得的一丝微笑，富有无限的魅力。因为这幅油画，达·芬奇声名大噪。达·芬奇除了绘画外，还致力于科学研究。他对人体解剖学有细致的研究，并发明设计了降落伞、风车，也进行过关于飞机的构想和设计等。

米开朗琪罗是与达·芬奇同时期的雕塑家，也出生于佛罗伦萨，13 岁进入作坊学艺，后参加人体解剖的实习，奠定了他的雕塑艺术生涯。他21岁到罗马，25岁回佛罗伦萨，创作了《大卫》，声名鹊起。这座白色大理石裸体雕像，表现了1000多年前以色列开国元勋大卫的形象，把人类的美、智慧、生命和力量表现得淋漓尽致。这座雕塑后来被安放在市政厅门前的广场上。

米开朗琪罗的另一件著名雕塑是《哀悼基督》。它表现耶稣被钉死在十字架上，圣母玛利亚抚尸痛哭的情景。这是他20岁时的作品，圣母在他的刀凿之下显得美丽绝伦。另外，他还创作了《摩西》《奴隶》等名作。

拉斐尔于1483年生于意大利乌尔比诺镇，13岁那年去鲁吉诺作坊从师于维提（他是波伦亚派的画家）。1504年，他到了佛罗伦萨，其时21岁。在那里的教堂里，他画了许多圣母像。拉斐尔创作的圣母像可谓艺术史上不可多得的杰作。他以世俗化的笔法，将传统的宗教题材描绘成现实生活中的理想美的化身，称颂人类母性的光辉，洋溢着幸福与欢愉。著名的《椅中圣母》可谓神来之笔。据说拉斐尔在一次聚会中，见一位罗马美少妇，微笑地注视着心爱的小宝贝，同时温柔地把他搂在怀中，表情流露出自然而又满足的神情。拉斐尔捕捉到这一引发灵感的瞬间，立刻拾起一块木炭，迅速将方才那幅动人的情景画在身旁的一只木桶底上，回去完成了这幅杰作。另外，拉斐尔的《草地圣母》富有人情味，圣母逗圣婴，平静而愉悦，色彩与线条极为和谐，并有鲜明的节奏感。

拉斐尔其他作品还有《圣母婚礼》《圣礼辩论》《雅典学院》等，都体现了理想中的境界。有人这样评说，拉斐尔是理想的化身，达·芬奇是智慧的象征，而米开朗琪罗是力量的凝聚。

文艺复兴在欧洲的传播

15世纪后期～17世纪初，文艺复兴在德、法、英等国相继而起。人文主义作家、政治思想家、科学家、哲学家都从各自的领域向传统观念和宗教神学发起强劲的挑战。

在文学领域里，出生于鹿特丹的伊拉斯谟（1466～1536年）是阿尔卑斯山以北很有影响的人文主义者。他首次修订希腊文《圣经》中的许多错误，对教会解释教义的权威提出了挑战。伊拉斯谟的讽刺作品《愚人颂》（1509年），借"愚人"女子之口，嘲笑教皇、僧侣的贪婪、愚昧，谴责贵族的放荡、虚荣。他主张废除禁欲主义和形式主义的宗教仪式，建立合理教会，为马丁·路德的宗教改革开了先河。

画家笔下的堂·吉诃德

图为堂·吉诃德骑马而行，他荒诞而怪异的斗风车举动，其实是当时社会现实的写照，荒唐却富有正义感与人文精神。

拉伯雷（1494～1553年）是法国文艺复兴的代表人物。他出生在法国一个律师家庭。少年进修道院学习拉丁文和经院哲学。1520年左右当修士。他反感修士的生活，开始偷学希腊文，被查抄后离开修道院。从 1527 年开始，他两次游历全国，看清了当时法国的蒙昧。1530 年，他进入医学院学医，两个月后获学士学位，从此开始从医，同时他开始创作《巨人传》。两年后《巨人传》第一部出版了，但很快就被教会宣布为禁书。1545 年在国王的保护下，他以真名出版第三部。国王死后，小说又被列为禁书，出版商被烧死，他被迫外逃，直至 1550 年才获准回到法国。回国后担任了宗教职务，业余时间从医，后去学校教书。期间完成《巨人传》第四、第五部。《巨人传》以叙述高朗古杰、高康大和庞大固埃祖孙三代巨人国王的神奇事迹为

·马基雅维利·

马基雅维利(1469 ~ 1527 年)，意大利文艺复兴时期的政治思想家、历史学家。1494 年参加了僧侣萨伏那罗拉领导的反对美第奇家族暴政的人民起义，随之走向政坛。1498 年起担任佛罗伦萨共和国掌管军事外交的“个人委员会”秘书，组织国民军队，并从事外交工作。长期的政治活动和外交周旋，使他了解到欧洲一些君主国的国情与实力，懂得了外交斗争的策略和奥妙，同时更加关注祖国的统一和独立。1513 年，美第奇家族的统治复辟，他遭到逮捕、囚禁和拷打。后来获释，但生活处处受到限制。晚年政治失意，隐居于自己的小庄园之中专心著述，取得显著的学术成就。他的代表作是《君主论》(又译作《霸术》)。全书共 26 章，通过历史上和当时许多大小实例，说明君主应具备的条件和才能，应该如何夺取和巩固政权。后来，他的以“目的说明手段正当”的原则被称为“马基雅维利主义”。他的思想反映了中古晚期意大利资产阶级的精神面貌。主要著作还有《佛罗伦萨史》。

主线，影射法国现实生活和社会矛盾，堪称讽刺文学的经典之作。拉伯雷嘲弄教士的愚昧和贵族的没落，痛斥经院哲学的虚伪，同时提出反映人文主义理想的政治和宗教主张，表达了新兴资产阶级要求个性解放的愿望。

莎士比亚（1564 ~ 1616 年）是文艺复兴时期英国杰出的戏剧家和诗人，一生著有 37 个剧本和 154 首十四行诗。他创作的戏剧有历史剧、喜剧和悲剧等多种体裁。历史剧以帝王将相为主角，描述了 13 至 15 世纪英国著名国王的生平事迹，充分反映了新兴资产阶级反对分裂、拥护王权的政治愿望。他的喜剧则充满乐观主义情调，赞美友谊与爱情，表达了人文主义的道德理想。莎士比亚于 17 世纪初写的四大悲剧，代表了他创作的最高成就。这些悲剧突出反映了资产阶级人文主义思想同封建邪恶势力之间的较量和冲突，并以先进力量的失败作为结局，控诉封建制度和封建贵族的罪恶行径。莎士比亚的作品语言生动活泼，很有感染力，在欧洲文坛上独树一帜。《哈姆雷特》代表莎士比亚戏剧的最高水平。故事主要讲述了丹麦王宫以哈姆雷特为首的人文主义派与以克劳迪斯为首的保守派之间的激烈冲突。《哈姆雷特》3 条线索并进，一是哈姆雷特为父亲复仇，二是老臣波洛涅斯的儿子为父亲和妹妹复仇，三是挪威王子福丁布拉斯为父亲复仇。这 3 条线索相互结合，使戏剧的冲突环环相扣，循序渐进。复杂而曲折的故事主体，个性生动的戏剧人物，还有强烈的悲怨交织，富有诗意的语言台词，真实地反映出历史和人生。哈姆雷特富有哲理性的话，“生存还是毁灭，这是一个问题”，直至现在，还值得人们深思。

西班牙现实主义作家塞万提斯生于马德里附近一个穷医生家庭，读过几年中学。21 岁时因卷入一次争斗，被判砍右手的刑罚。为躲灾，他逃到意大利。后他参加了与土耳其人的战争。1571 年雷邦托海战，他左手致残，人称“雷邦托的独臂人”。1575 年回国时，被海盗俘虏，过了 5 年苦役生活，1580 年被赎回。回国后他当过军需官和纳税员，又几次被诬入狱。《堂·吉诃德》是他在监狱中孕育出的作品。1605 年《堂·吉诃德》上卷出版，风行西班牙。1614 年出现一部站在教会立场上的伪造的续篇，对他进行诽谤。塞万提斯立即完成了更加成熟的下卷，于 1615 年推出。塞万提斯以幽默、夸张的手法，融诙谐与严肃、伟大与庸俗于一体，将堂·吉诃德塑造成新旧交替时期复杂而矛盾的典型，使之具有复古主义和人文主义理想的双重性格。这部作品描绘了当时西班牙社会广阔图景。

在政治思想领域里，法国的博丹（1530 ~ 1596 年）在《国家论》一书中系统阐述了国家主权的理论，把国家主权作为一种游离于社会并凌驾在社会之上的统治力量，反映了欧洲民族国家正在形成的现实。英国的托马斯·莫尔（1478 ~ 1535 年）提出否定资本主义制度的政治主张。他在《乌托邦》一书中虚构了一个理想岛屿。在那里，实行每天六小时的工作制，那里的居民一有空闲和精力便从事文化思想的探究。其实，莫尔的“乌托邦”是针对现实中的不理想现象生发出来的，既抨击了英国现存社会制度的黑暗，又描绘了一种理想的社会制度：废除私有制，人人劳动，人人平等，按需分配等。这深刻地影响了以后的社会主义思潮，莫尔也因此成为西欧空想社会主义的奠基人。

科学的重大进展

文艺复兴时期，科学也得到了一些发展。率先提出地球和众行星绕太阳运行即日心说的科学家是尼古拉·哥白尼。在此之前，亚里士多德的地心说一直受到人们的推崇。犹如一颗石子扔进寂静的水里，日心说的推出，引起许多人的关注。

在哥白尼之前的新柏拉图主义者认为，圆是最完美的，运动比静止更接近神性。哥白尼从中得到灵感。1530年，他完成了《天体运行》一书，1543年出版。在书中，他指出，太阳和地球是运动的，静止只是相对的。他的这种观点，与圣经中的教义对立。因此，他的日心说得不

哥白尼像

哥白尼的名字意为“谦卑”。他的最大成就是以日心说否定统治1000多年的地心说。这是天文学上的一次伟大革命，使人类的宇宙观发生了根本变革，揭开了近代自然科学革命的序幕。

到响应。

哥白尼的天文学理念，由伽利略和开普勒得以佐证。开普勒认为，因为与太阳距离的远近不同，行星的运行速度也随之变化，根据自己的定律计算，所有行星绕太阳运转是按照椭圆形的轨道进行的。这比哥白尼更前进了一步。后来，牛顿的万有引力定律，更为日心说宇宙观提供了有力的依据。

伽利略曾经采用自制的能放大30倍的望远镜观察太空，木星和它的卫星、土星与它的光环，甚至太阳中的黑子都被他发现了。伽利略说，除了太阳系，宇宙中还有更浩瀚的银河系。

1632年，罗马宗教法庭起诉伽利略，要他必须承认自己的错误，否则判处终身监禁。伽利略无奈地口头上认错，但心里依旧坚持。

布鲁诺在宣传日心说时，对基督教的教义逐一进行了反驳和否认。他认为，神灵主宰世界的学说全是无稽之谈，宇宙空间绝对不存在神和上帝。

因此，宗教裁判所判定布鲁诺为异端，犯下大逆不道之渎神罪，然后处以火刑，将布鲁诺活活烧死了。

这一时期，在物理学、数学和医学方面也有许多重大的发明、发现。伽利略的惯性定律、力作用独立定律，意大利数学家卡尔达诺（1501 ~ 1576年）的解三次方程公式，比利时医生维萨留斯（1514 ~ 1564年）的解剖学，英国医生哈维（1578 ~ 1657年）的人体血液循环理论等，都极大地推进了科学的发展。

在哲学思想领域，机械唯物论摆脱经院哲学的束缚发展起来。英国近代资产阶级唯物论哲学家弗兰西斯·培根（1561 ~ 1626

年）出生在英国伦敦的一个贵族家庭，12 岁入剑桥大学。培根非常反感那里的“经院哲学”的统治。他一生大部分时间在官场中度过，然而作为政客，他饱尝了仕途之艰辛。他著有《学术的进展》《新工具》《科学的价值与增长》等，提出的归纳法，成为研究自然科学的方法，并提出“知识就是力量”的名言，这反映了新兴资产阶级需要利用科学知识认识和改造自然，造福人类的要求。

自由落体实验

1590 年，意大利著名科学家伽利略在比萨斜塔上做了著名的自由落体实验，他以铁的事实告诉人们：物体下落的速度与物体本身的质量大小无关。

法国理性主义的创始人笛卡儿（1596 ~ 1650 年）出身贵族家庭，从小就勤于思考。1616 年获法律博士学位，后当上一名军官，长期服役。1618 年他结识了物理学家伊萨克·毕克曼，受其影响而从事科学研究。1625 年回到法国，开始致力于科学研究活动。他认为宇宙是统一于运动的物质，但是他又把物质运动只看作是机械运动。在认识论上，他采用理性演绎法，片面强调理性认识的可造性，否认感性认识的作用。同时，由于无法解释理性认识的来源，于是不得不求助于神启真理，因此他也是“心物彼此孤立”的二元论者。

文艺复兴运动持续了近300年，其重大历史意义在于它不仅创造了光辉灿烂的新文化，尤为重要的是改变了人们的观念，解放了人们的思想。它是资本主义时代到来的先声，也是资本主义发展的基础。

·比萨斜塔上的实验·

古希腊著名的哲学大师亚里士多德曾做出一个著名论断：两个铁球，其中一个是另一个重量的10倍，如果两个铁球从同一高度同时落下，那么重的铁球落地速度必然是轻的铁球的10倍。人们对此深信不疑。意大利著名科学家伽利略经过多次实验发现亚里士多德的说法是不对的，但没有人相信他，他决定要当众检验一下圣哲的话是否正确。1590年的一天，伽利略带着沙漏、一个底部可以自动打开的铁盒和两个分别重为10千克和1千克的铁球来到比萨斜塔顶上。他的助手将这两个铁球装入盒子，然后将盒子水平端起，探身到拦杆的外侧。伽利略在众目睽睽之下按动按钮，盒子的底部自动打开，两个铁球同时从盒中脱落，自由落向地面。只听“咚”的一声，两个铁球同时落到了地面上。实验证明了伽利略判断是正确的。凭着这种追求真理、尊重实践的科学精神，伽利略又有一系列的重大发现。他发现了摆的等时性原理，从而发明了钟表；他在李希普发明望远镜的基础上发明了放大20倍率的天文望远镜。他著有《论运动》《关于托勒密和哥白尼两大世界体系的对话》《关于两种新科学的对话》《关于太阳黑子的通信》和《关于力学和位置运动的两种新科学的对话和数学证明》等科学专著。

德国宗教改革

马丁·路德（1483 ~ 1546 年）出身于富裕市民家庭，出生的第二年，全家迁居采矿中心曼斯费尔德，父亲汉斯·路德当矿工，靠租用领主的三座小熔炉起家。在父母严格的宗教教育下，路德从小就接受了传统的基督教信念。1501 年春，他进入德意志最著名的爱尔福特大学，在 1502 年秋获得文学学士学位，1505 年，又以优异成绩取得硕士学位。在大学期间，他开始受到反对罗马教皇的世俗思想的影响。

大学毕业后不久，路德在父母亲朋诧异的目光中弃绝尘世，进入雷尔福特圣奥古斯丁修道院当修士，开始了自己的宗教生涯。他在那里潜心修道，履行各种苦行赎罪活动，以圣洁闻名。1512 年，路德获神学博士学位，被任命为维登堡修道院副院长和维登堡大学神学教授。在此期间，他认真研读《圣经》，发现天主教会的制度及其神学理论与基督教教义严重背离，认为信徒只要依靠个人对耶稣的信仰即可得救，信仰的唯一依据是《圣经》，而非天主教会制定的神学。这样，路德对教皇的权威，从理论上予以否定，同时还否定了天主教神学的基本观念。

1517 年，美因兹大主教亚尔伯特通过售卖赎罪券，以聚敛财富。10 月 31 日，路德在维登堡的卡斯尔教堂的大门上张贴《九十五条论纲》，对出卖赎罪券的做法予以痛斥，提出了“信

马丁·路德像

马丁·路德，德国宗教改革的发起者，新教的创始人。1517年马丁·路德把他的95条论点钉在德国维登堡一所教堂的门上，从而开始了基督教改革运动。他反对罗马天主教会干预国家政事，并于1525年因拒绝放弃其论点而被逐出了罗马天主教，这也导致了众多新教教会的出现。

仰耶稣即可得救”的原则。《九十五条论纲》引起了强烈反响，激发了人们对教权至高无上的怨愤和反对，点燃了德国宗教改革的火焰，使路德一时成为德国全民族的代言人。

1519年，罗马教会的神学家约翰·艾克同马丁·路德在莱比锡展开了大论战，这场大辩论，成为路德宗教改革生涯中的一次重大转机。

1520年，路德发表《论基督徒的自由》和《教会被囚于巴比伦》两篇重要文章，全面阐述了“因信称义”的宗教改革理论。其主要内容是，只要有信仰，人人在上帝面前都享有平等的权利和地位，并能得到上帝的恩典，从而使灵魂得救；在人与上帝之间，无须宗教律法、礼仪和神职人员作为中介，信仰的唯一依据是《圣经》；简化烦琐的宗教仪式，七项圣礼中只保留洗礼、圣餐两项。从根本上否定了教皇至高无上的地位和教会高于国家的天主教思想。

路德的理论和活动使教廷大为恐慌。教皇命令路德在60天之内改变观点，否则将开除他的教籍，但路德依旧坚持自己的观点。

1521年4月，在教廷的支持下，神圣罗马帝国皇帝发布旨意，取消对路德的法律保护，但是议会没有听从，反而将路德召到议会陈述他的观点。路德在议会的演说引起阵阵欢呼。会后，路德在群众的保护下离开会场，避开了皇帝的逮捕，逃亡到萨克森，被萨克森选帝侯腓特烈保护起来。

从此，路德潜心于对神学的研究与写作，继续宣扬其宗教改

宗教改革时期，路德派教徒正在与罗马天主教教徒讨论一些有争议的论点，这是1530年神圣罗马帝国皇帝试图与改革者和解的最后尝试。

·加尔文·

加尔文是瑞士宗教改革家，神学家，新教加尔文教创始人。他1509年生于法国。16世纪30年代他参加了巴黎的宗教改革运动，由于法国政府对新教徒的迫害，他逃往瑞士，发表其主要神学著作《基督教原理》。从16世纪40年代起，他在瑞士日内瓦领导宗教改革和市政工作：废除主教制，代之以共和式的长老制；简化宗教仪式；鼓励经商致富，宣称做官执政，蓄有私产，贷钱取利，同担任教士职务一样，均可视为受命于上帝。加尔文的神学思想在许多方面与路德教相同，如强调圣经是基督教信仰的唯一根据和权威；主张因信称义等。但加尔文还主张“预定论”，认为人的得救与否，贫穷与富贵，早已由上帝“预定”。加尔文宗又称归正宗，“归正”一词译自英文reformed，意指经过改革复归正确。加尔文教的广泛传播在于它符合了当时新兴资产阶级的发展，更在于加尔文对新教的信心和贡献。加尔文的名字和“加尔文教”联系在一起。

革的主张。

1525年，42岁的路德与一位叛逃的修女波拉结婚，以实际行动向天主教的禁欲主义发起了挑战。1543年，路德翻译的德文《圣经》面世，他的《圣经》译本为人们提供了对抗天主教会的思想武器。他翻译的《圣经》使用的是德国语言，这种统一的语言也成为联系分裂的德意志各邦的重要纽带。1546年2月，路德死于出生地艾斯勒本，享年63岁，被葬于维登堡大教堂墓地。29年前，轰动一时的《九十五条论纲》就是贴在这座教堂的门上。

英国的都铎王朝

1485 年，英国封建主之间的内战——玫瑰战争结束后，亨利七世登上王位，开始了都铎王朝（1485 ~ 1603 年）的专制统治。都铎王朝的统治者在封建贵族、资产阶级和新贵族共同支持王权的基础上，采取了一系列政策，使专制王权得到巩固。

首先，削弱大贵族势力，剥夺教会贵族的特权和财产。亨利七世统治时，加大了打击封建割据势力的力度。他下令禁止贵族蓄养家兵，宣布取缔封建家臣团，摧毁贵族修建的城堡，并发挥“皇室法庭”的作用，使之成为专门审理政治叛乱案件的机构，以惩治那些不听从皇室命令的大贵族。

1540 年，亨利八世又进一步将枢密院作为自己的咨询机构和最高司法机关，其官员多从资产阶级和新贵族当中选任，从而使他们成为专制王权的支柱。

1533 年，亨利八世与罗马教皇决裂，施行宗教改革，自己随之成为英国教会的最高首脑。他将教会没收所得的大批土地廉价卖给或赏赐给资产阶级和新贵族，进

亨利八世

一步为专制王权奠定了坚实的社会基础。其次，为了满足封建贵族的愿望，维护封建秩序，都铎王朝颁布了一系列惩治流浪者的法律。

自 15 世纪 70 年代兴起的圈地运动，破坏了封建土地所有制，使广大农民丧失土地而成为流浪者。都铎王朝的统治者颁布限制圈地和惩治流浪者的法律，其目的在于使农民回到原来的土地上，巩固封建制度。再次，在政治上，与资产阶级结盟，控制国会，使之成为专制王权的工具；在经济上，实行重商主义政策，如保护工商业、奖励海外贸易和殖民掠夺等。

都铎王朝既维护封建贵族的利益，同时又执行对资产阶级和新贵族有利的重商主义政策。

这种现象反映了英国的专制王权当时在两个对立的阶级间起着某种协调作用。

自 16 世纪中叶起，资本主义获得迅速发展的英国，经常在西班牙殖民地进行走私贸易，抢劫西班牙运送金银的船队，袭击西班牙殖民据点。西班牙国王腓力二世决意派遣大军远征英国。1588 年 5 月，由大贵族麦迪纳·西多尼亚率领的无敌舰队驶离里斯本，其中包括 130 艘兵船和运输船、7000 名船员和水手、23000 名步兵。7 ~ 8 月，舰队在英吉利海峡与英国海军上将 C. 霍华德及海军中将 F. 德雷克率领的英国舰队相遇，英军采用火烧连船的战术，无敌舰队损失惨重。后无敌舰队从英国北海绕过苏格兰和爱尔兰返回西班牙。途径苏格兰北部海岸附近时，遇风暴，舰队几乎覆没。在这一战役中，无敌舰队损失 32 艘战舰和 1 万名士兵。从此，西班牙的海上霸权被英国所取代。

圈地运动

15世纪以前，英国的生产还主要以农业为主，纺织业在人们的生活中，只是一个不起眼的行业。随着新航路的发现，国际贸易的扩大，处在欧洲大陆西北角的佛兰得尔地区，毛纺织业突然繁盛起来，在它附近的英国也被带动起来。毛纺织业的迅猛发展，使得羊毛的需求量急剧增大，市场上的羊毛价格开始猛涨。英国本来是一个传统的养羊大国，这时除了满足国内的需求外，还要满足国外的羊毛需求。因此，与农业相比，养羊业就变得越来越有利可图。这时，一些有钱的贵族开始投资养羊业。

图为一个衣着体面的男士将手伸进衣袋里，要资助路边一个浑身伤痛的乞丐。圈地运动使许多农民流离失所，成为流浪者和乞丐。

由于养羊需要大片的土地，因此，贵族们纷纷把原来租种他们土地的农民赶走，甚至把他们的房屋拆除，把土地圈占起来。一时间，在英国到处可以看到被木栅栏、篱笆、沟渠和围墙分成一块块的草地。被赶出家园的农民，则变成了无

圈地运动造成了“羊吃人”的悲惨结局。英格兰沿海的大亚茅斯周遭环绕着农田和牧场，这里是英国“圈地运动”的盛行地区。

家可归的流浪者。这就是圈地运动。

圈地运动首先是从占据公共用地开始的。在英国，虽然土地早已私有，但森林、草地、沼泽和荒地这些公共用地则没有固定的主人。一些贵族利用自己的势力，首先在这里放牧羊群，强行占有这些公共用地。到了 16 ~ 17 世纪，随着英国工业迅猛发展，呢绒工业大幅度膨胀，羊毛需求量急剧增长，价格日益上涨，这就进一步刺激了养羊业的繁荣。加之这时美洲的黄金大量流入欧洲，引起货币贬值，物价上涨，地主征收的固定地租实际上已大大减少。因此，越来越多的土地贵族更加疯狂地强行圈占公共土地和农民的耕地，用来发展养羊业，他们开始采用各种方法，把那些世代租种他们土地的农民赶出家园，甚至把整个村庄和附近的土地都圈占起来，变成养羊的牧场。

在这种强行的圈地运动中，农民以前以各种形式租种的土地，无论是以前定下的终身租地，还是每年的续租地，都被贵族强行圈占。这些成为牧场主的贵族们还互相攀比，使他们的牧业庄园变得越来越大。

英国的圈地运动从15世纪70年代开始，一直延续到18世纪末。英国全国一半以上的土地都变成了牧场。在这一过程中，虽然英国国王也进行了一定程度的限制，颁布了一些企图限制圈地程度的法令，但这些法令并没起多大的作用，相反，圈地日益合法化。

为了使被驱逐的农民很快地安置下来，英国国王在颁布限制

·条田制·

西欧农村在中世纪时，耕地呈条块分割状，称为“条田”。大大小小的土地占有者在其中占有一条或若干条土地，这样的土地布局称为“条田制”。在“条田制”下，耕种与收割的日期，都是由村民先开会决定。收割完毕后，村民有权在地里捡拾麦穗和放牧牲畜。这样的共耕制度不利于那些勤劳能干的农民发挥自己的生产积极性。由于土地比较分散，划分条田的田埂会造成土地的浪费，同时也不利于经营管理。而且条田都很窄，只能顺犁顺耙，所以不利于土壤的改良。耕种时，邻近的土地可能被牲畜践踏，引起纠纷。从水利建设来说，不便于单位生产者独立采取排灌措施。从牲畜方面来讲，全村的牲畜集中在一起放牧，容易引起牲畜传染病的传播，并且由于草料不足，使得牲畜营养不良，而牲畜的自行杂交也不利于改良畜种。

圈地法令的同时，也限制流浪者，目的是让那些从家园中被赶出来的农民接受工资低廉的工作。凡是有劳动能力的游民，如果不在规定的时间里找到工作，一律加以法办。通常，对于那些流浪的农民，一旦被抓住，就要受到鞭打，然后送回原籍。如果再次发现他流浪，就要割掉他的半只耳朵。第三次发现他仍在流浪，就要处以死刑。

后来，英国国会又颁布了一个法令，规定凡是流浪一个月还没有找到工作的人，一经告发，就要被卖为奴隶，他的主人可以任意驱使他从事任何劳动。这种奴隶如果逃亡，抓回来就要被判为终身奴隶。第三次逃亡，就要被判处死刑。任何人都有权将流浪者的子女抓去做学徒，当苦役。

亨利八世和伊丽莎白两代国王统治时期，曾经处死了大批流浪的农民。圈地运动导致英国的农民数量越来越少，失去土地的农民只好进入城市，成为城市无产者。为了活命，他们不得不进入生产羊毛制品的手工工场和其他产品的手工工场，成为资本家的廉价劳动力。在这种手工工场里，工人的工资十分低，而每天则要工作十几个小时。

18世纪，英国国会通过了大量的准许圈地的法令，最终在法律上使圈地合法化。英国农民的人数减少到了有史以来的最低数量。

圈地运动为英国的资本主义的发展提供了有利的条件。大量农民丧失生产资料，成为出卖劳动力的雇佣劳动者，为资本主义的发展提供了劳动力市场，是资本原始积累的主要形式之一。同时，圈地运动使许多资本主义性质的农场建立起来，农业市场也随之扩大，加速了英国的封建农业向资本主义农业过渡的进程。

法国的君主专制制度

新的阶级关系的形成，为法国的专制王权提供了生存的土壤。地理大发现以后，受工商业发展和“价格革命”的影响贵族地主的固定地租收入减少，经济地位下降。但他们依旧保持着各种政治特权，这种特权需要强大的王权来维护封建秩序。新兴资产阶级靠购买公债、向政府贷款、充当纳税人等手段聚敛了大量财富，这是法国原始资本积累的主要特点。富有的资产阶级又通过购买破落贵族的爵位及其产业，步入贵族行列，从而在经济上和政治上与王权的联系更加紧密。他们出于维护自身利益的需要，也极力主张加强王权。这样，萌芽于路易十一统治时期（1461 ~ 1483 年）的君主专制制度很快就建立和发展起来。到法兰西斯一世统治时期（1515 ~ 1547 年），专制制度最终确立。法兰西斯一世铲除割据势力，停止召开三级会议，国家的一切重大问题都由他和少数近臣做出决策。同时逐渐脱离罗马教廷的控制，实现教会

1572 年 8 月 23 日，法国国王下令展开圣巴托罗缪日大屠杀，使南北矛盾更加尖锐。

的民族化，并使法国教会成为专制统治的工具。

法兰西斯一世也制定施行了符合新兴资产阶级利益的工商业政策，为本国商人取得在土耳其各港口贸易的特惠权等。这样，既使资产阶级得到了王权保护的好处，又巩固了王权的统治。此时，加尔文教在法国各地广泛传播，法国南部的封建贵族企图利用宗教改革来对抗专制君主，以图恢复其往日的独立地位。而北部的封建贵族则以“保卫王权，保护天主教”为口号，同南部形成对立的两派，最终于1562年爆发战争。加尔文教在法国称为胡格诺教，因此这场战争在历史上被称为“胡格诺战争”（1562～1594年）。1572年的圣巴托罗缪节（8月23日）之夜，天主教徒在王室支持下，大肆屠杀巴黎的胡格诺教徒，使南北矛盾更加尖锐，国家处于分裂状态。1589年，法王亨利三世在混乱中遇刺身亡，胡格诺集团的波旁·亨利即位，称亨利四世，从此开始了波旁王朝的统治。为了巩固王位以及取得北部贵族的支持，亨利四世皈依了天主教，并立天主教为国教，但同时也允许胡格诺教徒享有信仰自由及担任国家公职的权利。亨利四世还通过实行鼓励发展农业、扶植手工工场、发展海外贸易、保持关税等措施，逐渐巩固了王权。其子路易十三（1610～1643年）统治时期，任用首相黎塞留进行改革，改革的主要内容是逼迫教会缴纳巨额捐税；加强中央各部门的职能及中央对地方的控制；派监察官统揽各省行政、司法、财政大权，以此削弱地方贵族和各省总督的权力；同时实行重商主义政策。这一系列的改革使专制王权得到进一步加强，为资本主义的发展创造了有利条件。

尼德兰资产阶级革命

“尼德兰”本意为“低地”，指莱茵河、马斯河、斯海尔德河下游及北海沿岸一带的低洼地区，大致相当于今天的荷兰、比利时、卢森堡和法国的东北部。到了16世纪初，尼德兰又因王室联姻和继承关系归属西班牙统治。

16世纪以前，尼德兰已成为欧洲经济最发达的地区之一。地理大发现以后，欧洲国家贸易中心移向大西洋沿岸，进一步推动了尼德兰工商业的繁荣。阿姆斯特丹是北方的商业中心，与英、俄、波罗的海沿岸各国有着密切的贸易往来。

群情高昂的城市保卫者射击连队的军官们

荷兰独立战争是历史上第一次胜利的资产阶级革命，建立了第一个资产阶级共和国。虽然这场革命战争异常复杂、曲折和持久，经历了几次反复，但最终推翻了西班牙的专制统治，争取了民族独立，为资本主义发展扫清了道路。

资本主义的发展，引起了阶级关系的深刻变化。由大商人、工场主和农场主组成的城乡新兴资产阶级不断发展壮大，荷兰、西兰的封建贵族采取资本主义方式经营土地而变成新贵族。资产阶级和新贵族大多信奉加尔文教，他们要求发展资本主义，摆脱封建关系的束缚，推翻西班牙的专制统治。广大农民和城市平民大多信奉再洗礼派或加尔文教，他们受阶级和民族的双重压迫，强烈要求改变现状，成为革命的主力军。

玛格丽特是查理五世的女儿，1559 年，被弟弟腓力二世派到尼德兰做总督。

腓力二世（1556 ~ 1598 年）继位后，继续推行高压政策。他在尼德兰广设宗教裁判所，残害新教徒；剥夺城市自治权，限制尼德兰商人进入西班牙港口。1559 年，腓力二世派他的姐姐玛格丽特到尼德兰做总督，格兰维尔主教为辅政，以加强对尼德兰的直接控制。这些带有民族压迫性质的专制政策成为尼德兰革命的导火线。

1566 年 4 月，以奥兰治·威廉亲王为首的“贵族同盟”向玛格丽特总督呈递请愿书，要求废除“血腥敕令”，召开三级会议，撤出西班牙驻军，罢免格兰维尔的职务，但被西班牙当局拒绝。8

月，一名叫马特的制帽工人，掀起了破坏圣像、圣徒遗骨和祭坛的运动，并得到广大人民群众的支持，安特卫普、瓦朗西安爆发了起义。1567年，腓力二世命阿尔法为总督率军进驻尼德兰，开始了对异端派别和起义军的血腥镇压，一些贵族和资产阶级也被杀害。由工人、农民和革命资产阶级分子构成的起义军和激进的加尔文教徒转移到森林里和海上，组成“森林乞丐”和“海上乞丐”，展开游击战，神出鬼没地袭击西班牙军队，奏响了荷兰革命的交响曲。1568年，奥伦治亲王威廉从国外组织起一支雇佣军，但终因势单力薄而被阿尔法击败。1572年4月，在森林乞丐和海上乞丐影响下，尼德兰北方各省均发生起义，致使阿尔法军力分散。海上乞丐乘机率领装有枪炮的轻便船猛攻泽兰省的布里尔，守卫的西班牙军遭受重创。起义军又一举将西班牙军从北部大部分地区驱逐出去，并占领了荷兰省和泽兰省，建立了自己的根据地，奥兰治·威廉被推选为执政。到1573年底，北方的其他各省

·《威斯特发里亚和约》·

从1645年6月起，在德国威斯特发里亚境内，三十年战争的各参战方开始进行谈判。1648年10月，各方签订了《威斯特发里亚和约》。其主要内容如下：瑞典获得整个西波美拉尼亚及东波美拉尼亚的一部分、维马斯城、不来梅和维尔登两个主教区；法国获得亚尔萨斯大部分，梅斯、土尔和凡尔登归其所有；德意志的勃兰登堡、萨克森、巴伐利亚等诸侯邦在领地内享有内政外交自主权；承认瑞士、荷兰独立等。和约的缔结打击了神圣罗马帝国的哈布斯堡王朝，进一步加深了德意志的分裂。

也相继独立，奥兰治·威廉成为各省公认的总督。

面对南方贵族的分裂行径，北方各省于同年成立了“乌特勒支同盟”，宣告各省永不分离，并以各省代表组成的三级会议为最高权力机构。1576 年 9 月 4 日，布鲁塞尔举行起义，起义军占领了国务委员会大厦，这样西班牙在尼德兰南部的统治就被推翻了。11 月，以奥兰治·威廉为代表的北方起义军和南方起义军签订协定，首先驱逐西班牙人，成立政府，再解决双方在宗教问题上的分歧问题。1581 年，三级会议决定废除腓力二世的王位，成立联省共和国，简称荷兰共和国。西班牙对北方的进攻却屡遭失败，不得不于 1609 年与联省共和国缔结十二年休战协定，事实上，承认了联省共和国的独立。1648 年签订的《威斯特发里亚和约》，正式给予联省共和国以独立地位。至此，荷兰成为人类历史上第一个资产阶级共和国。

反对腓力宗教政策的加尔文教徒捣毁天主圣像。

艾萨克·牛顿

艾萨克·牛顿(1642 ~ 1727年)是人类历史上少数几位可被称为天才的科学家之一，他在数学领域作了基础性的研究，而在其他领域，牛顿提出的一系列定律成为天文学、物理学的基石。

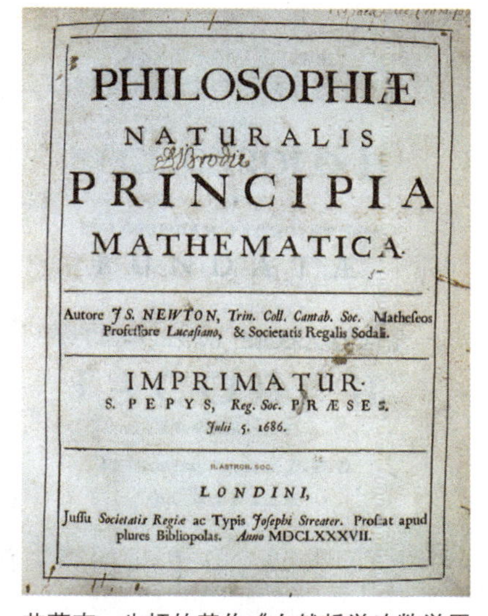
PHILOSOPHIÆ
NATURALIS
PRINCIPIA
MATHEMATICA.

Autore J S. NEWTON, Trin. Coll. Cantab. Soc. Matheseos Professore Lucasiano, & Societatis Regalis Sodali.

IMPRIMATUR.
S. PEPYS, Reg. Soc. PRÆSES.
Julii 5. 1686.

LONDINI,
Jussu Societatis Regiæ ac Typis Josephi Streater. Prostat apud plures Bibliopolas. Anno MDCLXXXVII.

艾萨克·牛顿的著作《自然哲学的数学原理》是科学史上最为重要的巨著之一。该书涉及天文学、数学以及物理学的相关理论与原理。

同时，他也是历史上首位荣获骑士勋章的科学家，为了纪念这位伟大的科学家对科学发展所作出的贡献，现代国际单位中“力”的单位就是“牛顿”。

1642年12月25日，艾萨克·牛顿生于英国东部林肯郡，自幼由祖母养大，就读于当地学校，后进入久负盛名的剑桥大学三一学院深造，并于1665年获得学士学位。之后由于伦敦大规模暴发瘟疫，牛顿被迫返回乡下居住，而在此期间，他专注于研究数学，推导出有关“流数”（即“微分”，又称“导数”）的主要原则，奠定了微分学的基础。

1667 年，牛顿成为三一学院研究员，并于 1669 年成为该学院的数学教授。此时，他将研究重点转向物体运动方面，主要研究是什么使物体开始运动，又是什么使物体运动停止。

经过一系列研究，牛顿的结论被总结为三大运动定律，所有这些定律都能在一次撞球游戏中体现——玩的时候你也不必是一个物理学家！

牛顿的另一个贡献是对天文学发展产生的深远影响。据说，牛顿坐在果园中休息时，看到树上的苹果掉落，由此产生疑问：为什么苹果会坠落？牛顿将其归结为地球上某种力的吸引作用，即我们现在所知的地心引力。

同时，牛顿推论出，所有的物体均可看做其质量集中于某点的运动，这一质量的集中点（即“质心”）。运用他自己的关于运动的定律，他指出，宇宙万物之间均存在万有引力，也正是由于万有引力的存在，才使得天体得以维持现有的状态运动，例如月球始终绕地球转动；地球始终绕着太阳转动。

之后他提出的广义万有引力定律指出，无论是两个小球间还是两个恒星间的万有引力都与二者质量的乘积成正比，与二者之间的距离成反比。

1678 年，英国科学家罗伯特·胡克（1635 ~ 1703 年）也提出引力定律，几年后发表了该理论。关于两者间究竟是谁最早提出引力定律还引起了激烈的争议。

在物理学分支——光学领域，牛顿主要研究光的性质。通过将来自太阳的窄束白光透过一个玻璃三棱镜，牛顿将白光分成了多色光谱，色彩排列与彩虹的一致。牛顿由此证实白光是由不同色彩的组成的，今天我们说其是由不同波长组成的。由于当时的望远镜透镜质量不佳，使得所成的像被各色彩的一段光谱所围绕——不同色彩穿过透镜时在不同的位置进入焦点。牛顿使用镜面代替透镜解决了这一问题，他于1668年使用自己制作的镜面建造了最早的反射式望远镜之一。

牛顿一直坚信光是由一系列“粒子”组成的光流，于是提出光的“粒子”理论，但不久之后，克里斯蒂安·惠更斯

据说，牛顿一次在果园里休息时，看到苹果落下，由此获得灵感，提出了万有引力定律。

·牛顿的定律·

牛顿推导出了物理学领域两个重要的方面——引力与运动的定理。牛顿万有引力定律指出存在质量的宇宙万物之间均存在着相互吸引的力，而引力的大小则由物体间距离与物体的质量所决定：距离越小，万有引力就越大；物体质量越大，其万有引力也越大。用数学术语表达就是：万有引力与物体间质量的乘积成正比，与物体间距离成反比。牛顿运动第一定律，也称惯性定律，指出：物体具有保持原有运动状态的性质，即在不受任何外力状态下，物体总是保持匀速直线运动状态或静止状态。牛顿第二定律则指出：力能使物体运动产生变化，即力的大小等于物体质量乘以物体的加速度（F = Ma）。牛顿第三定律，又称作用力与反作用力定律，指出：两个物体之间的作用力与反作用力总是大小相等，方向相反，作用在同一直线上。

（1629 ~ 1695 年）等人提出光的“波”理论，同“粒子说”理论截然相反，由此引发了一场持续上百年的争论。

直至 20 世纪，随着量子理论的逐渐发展完善，物理学家最终发现光兼有“粒子”与“波”的属性，即“波粒二象性”，该争论才画上了句号。

1703 年，牛顿成为皇家学会主席，两年后被授予骑士勋章。随后艾萨克·牛顿被不断授予各种荣誉。

去世后，也被授予象征最高荣誉的国葬，长眠于威斯敏斯特教堂。为了纪念牛顿对科学发展做出的贡献，在国际单位制中“力”的单位被定为“牛顿”，即使得 1 千克的物体获得 1m/s2 加速度的力为 1 牛顿。

欧洲第一次国际战争

三十年战争是欧洲第一次大规模的国际战争，主要战场在德意志。它起初是德国诸侯之间、诸侯同皇帝之间以及德国统治阶级与被压迫民族之间的冲突，后来西欧和北欧的一些国家先后卷入，从而对欧洲产生了深远的影响。

自奥托一世建立神圣罗马帝国以来，哈布斯堡王朝一直控制着这个帝国。但是它徒有虚名，内部诸侯林立，分裂割据不断。宗教改革后，国内又出现了天主教和新教的尖锐对立。周边国家又纷纷崛起，严重冲击了帝国的统治。帝国日益衰落，结果导致一些诸侯不受约束、不服从皇帝政令，以武力吞并周围弱小的邻邦。

1618 年，神圣罗马帝国皇帝指定信奉天主教的斐迪南二世为波希米亚（今捷克）国王。波希米亚是新教邦国，但是斐迪南二世却下令禁止布拉格新教徒的宗教活动，拆毁其教堂，并宣布参加新教集会者为暴民。结果，一些愤怒的布拉格群众把斐迪南公爵的两名随从扔出窗外，史称“掷出窗外事件”，它成为三十年战争的开端。

整个战争大致分为 4 个阶段：第一阶段：捷克—巴拉丁时期（1618 ~ 1624 年）。1526 年，捷克并入神圣罗马帝国，实际沦为奥地利哈布斯堡家族的领地。“掷出窗外事件”发生后，波希米亚

斐迪南

他对新教的镇压激起了人民的强烈反抗，直接导致了欧洲三十年战争的爆发。

摆脱了哈布斯堡王朝的统治。1619年，国民选举巴拉丁选帝侯弗里德里希为国王。1620年，神圣罗马帝国皇帝斐迪南二世依靠德意志天主教同盟军，入侵波希米亚。西班牙出兵巴拉丁以作为波希米亚的援助。1620年底，波希米亚和巴拉丁联军被天主教同盟军击败，弗里德里希逃亡荷兰，波希米亚重归奥地利统治。

第二阶段：丹麦时期（1625～1629年）。神圣罗马帝国皇帝的胜利，威胁到了德意志新教诸侯，引起一些欧洲国家的武装干涉。丹麦得到英、法的资助，于1625年在北德意志新教诸侯支持下攻入德意志帝国境内。波希米亚贵族瓦伦斯坦率雇佣军协同天主教同盟军打败丹麦军队，控制了萨克森地区。1629年5月，丹麦同德意志签订《吕贝克和约》，保证不再干涉德意志事务。皇帝的势力延伸到波罗的海。

第三阶段：瑞典时期（1630～1635年）。神圣罗马帝国皇帝和天主教同盟的势力扩张到波罗的海，促使瑞典与法国结成同盟。1630 年 7 月，瑞典国王古斯达夫·阿道夫率军同勃兰登堡和萨克森选帝侯联合，迅速占领了德意志北部和中部的大片领土。1632 年，天主教同盟军的统帅蒂利伯爵在莱茵河战败身亡。在吕岑会战中，瓦伦斯坦率领的雇佣军战败，瑞典国王古斯达夫·阿道夫也阵亡。1634 年，瑞典和新教联军被皇帝军联合西班牙军队打败，瑞典军主力损失殆尽，失去了德意志中部的萨克森和勃兰登堡领地。

第四阶段：法国—瑞典时期（1635 ~ 1648 年）。瑞典军队的战败，促使法国直接出兵，与瑞典联手对哈布斯堡王朝作战。1635 年 5 月，法国又联合荷兰进入莱茵地区。瑞典军队在莱比锡附近的布赖滕费尔德取胜，并继续南进，法国军队也大败西班牙军。

瑞典的胜利，又引起丹麦的不满，1643 ~ 1645 年，丹麦同瑞典开战，结果战败求和，退出战争。1645 年 3 月，瑞典军在捷克

·哈布斯堡王朝·

哈布斯堡王朝是欧洲历史上统治时间最长、领地最广的封建王朝，其祖先是法兰克王国内的一个普通封建领主。1020 年，斯特拉斯堡主教维尔纳和拉德博特在今瑞士境内的阿尔高建立哈布斯城堡，拉德博特的儿子遂被封为哈布斯堡伯爵。1273 年，哈布斯堡伯爵鲁道夫一世利用拥有神圣罗马帝国皇帝称号的霍亨斯陶芬王朝和统治奥地利的巴奔堡家族绝嗣的机会，成为神圣罗马帝国皇帝，奥地利为哈布斯堡王朝的中心领地。

在一个村庄的桥上，骑兵团击溃了步兵军。三十年战争中，像这样在战争中惨遭蹂躏的村庄不计其数。

重创皇帝军。同年 8 月，法军又在纳林根会战中击败皇帝军，皇帝丢失大部分德意志领土。1648 年，法、瑞联军在处斯马斯豪森会战中彻底击败皇帝军。皇帝斐迪南三世被迫求和。参战各方签订了《威斯特发里亚和约》，三十年战争结束。

三十年战争是第一次欧洲大战，反哈布斯堡集团取得胜利。法国取得欧洲霸权；瑞典确立了波罗的海霸权；荷兰和瑞士彻底独立；德意志遭到严重破坏，神圣罗马帝国名存实亡；西班牙进一步衰落；葡萄牙获得独立。它基本上奠定了近代欧洲各国的国界。

利玛窦与“西学东渐”

中国的封建专制统治到明代达到鼎盛时期。明朝中叶以后，封建统治集团日渐腐朽没落，先后出现了宦官专权与外戚争权的局面。包括皇室在内的中央权贵和地方豪族大肆搜刮民脂民膏，兼并土地，农民的赋税、徭役和地租负担不断加重，造成尖锐的社会矛盾和阶级矛盾。生活于水深火热之中的广大农民纷纷揭竿而起，冲击腐朽的封建统治，最后发展成为推翻明王朝的明末农民大起义。

明朝中叶，社会经济发展迅速，不仅农业和手工业的生产水平远远超过了前代，而且商品生产、流通领域也进一步扩大，在江南和东南沿海地区兴起了一些手工业和商业重镇，投放市场的商品种类和数量日益增多。16世纪后期～17世纪初的嘉靖、万历时期，在商品经济最发达的江南一带，出现了资本主义生产关系萌芽，其中纺织业表现最为突出。但是，在自给自足的自然经济占主导地位、封建生产关系非常牢固的情况下，商品经济只能得到有限的发展。资本

利玛窦像

主义性质的手工业与家庭手工业及官办手工业相比，只不过是沧海一粟。同一时期英、法等国的专制王权，都曾对工商业和海外贸易发展实行鼓励的政策，为本国资本主义的发展创造有利条件。而明朝统治者仍然推行沿袭已久的重农轻商的政策，因而使刚刚萌芽的资本主义生产关系受到抑制，发展极为缓慢。

在海外贸易方面，明朝实行“片板不许下海”的海禁政策。永乐皇帝派郑和七次下西洋，堪称世界航海史上的壮举，但其宗旨不过是为宣扬封建帝国的声威而已。那一时期的海外贸易主要局限于朝贡贸易范围，没有促进当时社会经济的发展。当时西方列强角逐海外，而明朝统治者仍然闭关锁国，不注意以海外贸易积累货币资本，促进资本主义萌芽的发展。这是中国从16世纪起落后于西方的又一个重要原因。

明末利玛窦拉开了“西学东渐”的序幕，利玛窦传播科学知识的目的，是为了方便传教。同时，他觉得要扩大传教，一定要得到中国皇帝的支持才行得通。到了北京后，利玛窦通过宦官马堂的门路，送给明神宗《圣经》、圣母图，还有几只新式的自鸣钟。

明神宗接见利玛窦时，请利玛窦讲一下西洋的风俗人情。听后，明神宗很感兴趣，赏给利玛窦一些财物，让他留在京城传教。有了皇帝的支持，利玛窦就很容易跟朝廷的官员们接触了。万历皇帝以及徐光启、李之藻等开明人士在中西文化的冲突与融合面前，显示出一种历史和文化的自觉。他们重用西方传教士，采纳西学并加以利用。然而，在观念深处，生活于“天朝上国”的人们仍然陶醉于昔日的辉煌之中，对世界新格局茫然无知。

日本重建封建秩序

受中国文化影响颇深的日本自 12 世纪末开始，其政治制度有了重大的变化，形成了双重政府：一个是设在京都，以天皇为首的文官朝廷，没有任何实权，天皇仅是最高权力的象征；另一个是以将军为首的幕府，掌握着国家大权，是事实上的中央政府。自 15 世纪中叶起，由于将军的权力被削弱，各地守护大名形成强有力的割据势力，彼此混战，争城夺地，日本进入了“战国时代”（1467 ~ 1573 年）。

战国时代，守护大名在长期的混战中，势力消耗殆尽，出身于中小武士地主的“战国大名”随之崛起。他们为了增强自身的势力，积极发展农业生产，奖励工商业，废除关卡和座（行会），允许自由经商。16 世纪前期，日本涌现出许多自治城市，对外贸易日益繁荣，

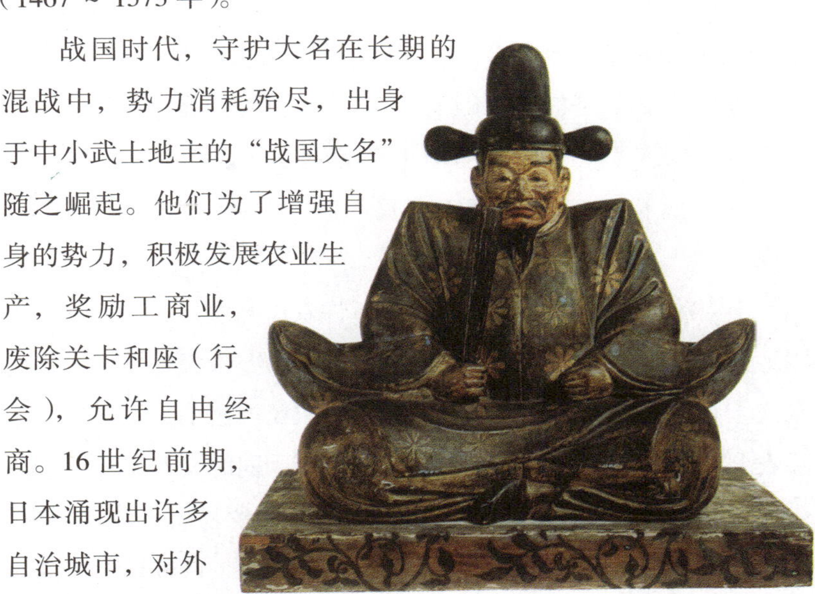
丰臣秀吉像

与亚洲许多国家有了频繁的贸易往来。16世纪中叶，日本又与葡萄牙和西班牙建立了贸易关系。商品货币经济的发展，使各地区之间的经济联系得到了加强，国内统一市场开始形成，为政治统一奠定了经济基础。战国大名为维护自身的政治、经济利益，迫切需要结束封建割据状态，建立中央集权国家。这样，实现国内统一的条件逐渐成熟。但是，由于城市经济完全从属于大名领国的军事和政治，工商业者的独立性极为有限，因此他们不能像西欧的工商业者那样成为实现国家统一的政治力量，以致统一运动必须由封建大名来完成。

在兼并战争中，尾张国的一个中等封建主织田信长（1534～1582年），通过鼓励工商业、提倡天主教、从葡萄牙购买枪炮、建立骑兵常备军等措施，势力日益强盛。他不断吞并割据势力，并于1573年推翻了室町幕府，成为全国最有势力的大名，奠定了统一日本的基础。后来，织田信长因部下叛乱被迫自杀。其部下丰臣秀吉（1536～1598年）打着天皇的旗号，继续进行统一战争，到1590年，长达100多年的分裂局面宣告结束，日本的统一得以实现。

丰臣秀吉为了加强独裁统治，不许农民弃农迁居，将他们牢固地束缚在土地上。同时没收民间武器，防止农民起义。他还规定武士必须在城市居住，严禁他们转为农民或经商，从而确立了兵农分离和士农工商业者自由经营的局面；同时又对工商业者采取了严格的控制措施，取消城市自治，对外贸易实行特许制度。这样，将处于萌芽状态的市民自治运动扼杀了，已经动摇了的封建制度重新巩固起来。

世界近代史

查理一世的专制统治

14 世纪时，契约租地农的出现标志着英国农业资本主义萌芽的产生。15 世纪末，圈地运动的兴起，进一步促进了农业资本主义的发展。到 17 世纪初期，资本主义农牧场在英国东南部地区已相当普遍。农业资本主义的发展引发了农村社会结构的重大变化。贵族的分裂、乡绅的崛起和农民的分化，瓦解了封建社会的根基，传统社会关系的平衡被打破，为革命的爆发奠定了深厚的基础。

英国特有的议会传统为革命的爆发提供了有利的政治条件。议会原本是封建王权的御用工具，但从 14 世纪起，议会取得了参与立法、批准税收、监督国王政策等权力。到了 16 世纪末 17 世纪初，新兴革命力量以议会反对派的身份，利用议会的传统权力，与封建王权展开了斗争。

17 世纪前期，尚未出现成熟的资产阶级政治理论，而宗教给英国革命以思想动力。16 世纪 60 年代，加尔文教传入英国。

加尔文教反对国教教士奢华腐败，主张勤劳和节俭，该教派在英国被称为“清教”。清教

查理一世

的教义反映了资产阶级的政治和经济愿望，越来越多的资产阶级、新贵族以及部分农民、手工业者、工人等成为清教徒，掀起了所谓的“清教运动”。清教运动实质是一场涂上宗教色彩的资产阶级运动。

与欧洲大陆各国相比，革命前的英国专制君主制存在许多薄弱的地方。首先，英国因是岛国，平时不需要强大的陆军保卫国土，所以英国没有常备军；其次，英国的官僚机器在都铎王朝时期虽有所加强，但其总体规模远比法国等大陆国家小得多；最后，英王的固定收入只有王室关税和领地收入两项，数量非常少，因此，政府不得不经常求助于议会补助金。封建专制王权的相对虚弱也是有利于革命较早发生的重要条件。

1603 年，都铎王朝最后一位君主伊丽莎白一世死后无嗣，由苏格兰国王詹姆斯六世继承王位，即詹姆斯一世（1603 ~ 1625 年在位），从此开始了斯图亚特王朝的统治。

詹姆斯一世极力鼓吹君权神授论，宣称国王是上帝派到世间的，具有至高无上的权威，理所当然地不受法律和国会的制约。以他的继承人查理一世为代表的封建贵族阶级和资产阶级新贵族之间的斗争更为激烈，斗争集中表现为国王和国会之间的冲突。

1625 年 6 月，查理一世为征收新税而召开国会，国会对此坚决予以否决。查理一世怒不可遏，宣布解散国会。这样，英国在 1629 年到 1640 年期间没有国会，史称“无国会时期”。

到 17 世纪 30 年代末期，英国的阶级矛盾空前激化，国王与国会的冲突日益尖锐，城乡人民的斗争频繁发生，封建专制统治已陷入深刻的危机之中，革命形势已经成熟。

清教徒革命

1638年，苏格兰爆发了反对君主专制制度的起义。这次起义直接引发了英国革命。

图中的查理一世正在寻找地球仪上的苏格兰。

苏格兰原是一个独立国家。1603年，詹姆斯一世身兼苏格兰和英国国王，但两国并未正式合并成一个国家。1637年，查理一世强令苏格兰接受英国国教，企图在那里推行专制制度，激起苏格兰人的反英起义。1638年，起义者组成特别委员会，制定了《民族圣约》，宣誓为保卫加尔文教而战。查理一世远征苏格兰，惨遭失败，只好暂时求和，以赢得时间，伺机再战。为了筹措军费，查理一世不得不于1640年4月重新召集已经停开了 11 年的国会。反对派约翰·皮姆等人强烈反对战争，并要求处死宠臣斯特拉福。查理一世无奈，又于 5 月解散国会。国会解散的第二天，伦敦市民奋起示威，广大农民的反圈地斗争向纵深发展。同年 8 月，苏格兰军再次发动进攻，占领了英国北部两郡，查理一世被迫两次召集国会。

国会开幕不久，在人民群众的呼声和压力下，国会两院通过逮捕斯特拉福和劳德大主教的提案，并同意将斯特拉福处以死刑。查理一世认为这是对王权的挑战，于是迟迟不批准国会的决议。1641 年 5 月 9 日，伦敦市民数万人手持刀剑棍棒，连夜举行示威，并宣布要冲进王宫。查理一世只好签署了判决书。3 天后，斯特拉福被送上断头台。4 年后，劳德大主教也被处决。国会取得了首次胜利。

不久，国会开始分为两派，两派的分野大致与清教运动中的两个派别吻合，也称为长老派和独立派，两派在一些问题上有重大分歧。

查理一世利用国会内部的分歧，待机反扑。他派军队进入伦敦，在各要塞安置大炮，并使用自己的卫队把守国会。1642 年 1 月 4 日，查理一世亲自带领士兵，到下院去逮捕皮姆等人，得悉这些人已被群众隐藏在商业区时，又在第二天带兵去商业区搜捕。结果遭到 2000 多武装市民的阻拦，白金汉郡的农民 5000 人也进入伦敦声援。查理一世在伦敦陷于孤立，不得不于 1 月 10 日逃离首都，到北部约克郡纠集反动武装，准备发动内战。国会也于 7 月 12 日通过决议，成立国会军队。至此，国王与国会的斗争达到动武的程度。1642 年 8 月 22 日，查理一世在诺丁汉向国会宣战，挑起了内战。

内战初期，双方的力量对比有利于国会。然而由于掌握革命领导权的长老派分子的动摇和妥协，国会节节败退。到 1643 年秋，王军不断取胜，占领了全国 3/4 的地区。

国会军中唯一保持不败的是奥利佛·克伦威尔率领的军队。克伦威尔（1599 ~ 1658 年）出身于中等乡绅家庭，是一个虔诚的清教徒。1628 年和 1640 年先后两次被选为下院议员，是国会中独立派的领袖。内战爆发后，他自己筹款组建了一支由自耕农和手工业者组成的骑兵队。他亲自组织 1.2 万人的东部盟军于 1644 年 6 月收复林肯郡大部分地区，又开始围攻约克城。这样两军首次大规模会战就在约克城西北的马其顿荒原上拉开了。鲁普特亲王率领的王军迅速占领了整个荒原。国会军当晚就发动进攻。克伦威尔重点布置左翼兵力，并让左翼骑兵首先冲下高地，直扑王军右翼，很快王军右翼一线二线被击得溃不成军，落荒而逃。但国会军中路步兵和右翼骑兵却被王军逼得节节后退，于是克伦威尔指挥胜利的左翼骑兵从王军中路步兵的右翼后侧进行猛攻。腹背受敌的王军不敢恋战，仓皇逃跑。这一战扭转了国会军连连失利的局面，也使克伦威尔的部队被誉为“铁骑军”。

1643 年 9 月，国会为挽回败局，同苏格兰国会订立《圣约》。1644 年初，苏格兰军队进入英国，与国会军协同作战，王军陷入南北受敌的困境。7 月 2 日，在马斯顿草原展开会战，克伦威尔的铁骑军在这次战役中发挥了巨大的作用，最后战胜了王军。这次会战是内战的转折点。1645 年 1 月，国会通过了接受克伦威尔提出的改组军队的议案，授权克伦威尔改组国会军。克伦威尔以自

·清教徒·

清教徒是欧洲宗教改革时代后期在英国出现的一支新教教派。16 世纪 60 年代，许多人主张清除国教会中天主教残余，得名清教徒。清教徒只承认圣经是信仰的唯一权威，强调所有信徒在上帝面前一律平等。他们接受加尔文教教义，主张建立无教阶制的民主、共和的教会，反对国王和主教专权；赞许现世财富的积累，提倡节俭、勤奋的进取精神。这些观点反映了新兴资产阶级的愿望和意志。70 年代起，脱离圣公会，建立独立教会，选举长老管理宗教事务。16 世纪末清教徒分裂为长老派和独立派。17 世纪上半叶，信奉清教的资产阶级和新贵族与国王的冲突愈演愈烈，导致英国革命，亦称清教徒革命。斯图亚特王朝复辟后，清教徒受到迫害。1688 年“光荣革命”后，议会通过《宽容法》，允许清教徒建立自己的教会。1828 年政权对清教徒完全开放。

己的铁骑军为榜样，组建了一支主要由自耕农和手工业者、店员等组成的新军，并有良好的给养制度。实行民主，纪律严明，具有较强的战斗力，军官大部分来自下层社会，故被称为“新模范军”，是英国首次建立的常备军。从此，独立派掌握了军权，保证了内战的胜利。

1645 年 6 月 14 日，刚刚组建的新模范军在纳西比同王军相遇，经过激烈的战斗，打垮了王军主力。此后，新模范军又攻克了王军控制的许多地区。1646 年 5 月，国会军攻克牛津，查理一世逃到苏格兰，被苏格兰扣留。次年 2 月，英国国会用 40 万英镑把查理一世引渡到伦敦。第一次内战宣告结束。

查理一世被推上断头台

英国的国会军战胜王军后，国会的反人民政策激化了社会矛盾，人民群众的反抗斗争不断爆发，尤其是农民运动更是蓬勃发展。1645 年，西部和西南部农民掀起“棒民运动”，他们以棍棒、镰刀等武器，既反对王军，也反对国会军。“棒民运动”后来被克伦威尔统领的新模范军镇压了。对这一行动，军队中发生了分歧，从而埋下了军队和国会决裂的种子。

国会军战士大多数都是穿上军装的城乡劳苦大众，他们对国会的政策非常不满。1647 年 3 月，国会通过了解散军队的决议。士兵们坚决抵制，军队中选出士兵和军官代表，组成全军委员会，领导了这场斗争。克伦威尔支持军队的要求，派兵把国王从国会的保护下夺取过来，在军队中监押。1647 年 8 月 6 日，军队开进伦敦，用武力迫使国会驱走与军队为敌的长老派议员，从此，独立派掌握了国会。

然而，军队内部也存在着矛盾，以独立派为核心的上层军官与以平等派为核心的下层军官和士兵的斗争在军队掌管国会后日益加深。

1647 年 10 月末到 11 月初，平等派和独立派在伦敦郊区的帕特尼会议上展开了激烈的争论。11 月 15 日，九个团队的平等派士兵把《人民公约》贴在帽子上，举行武装示威。克伦威尔派兵镇压了平等派的这次示威活动，取消了士兵在全军委员会中的代表，使之变成独立派军官控制的军官委员会。这种做法，使独立派在取得政权后开始背叛和抛弃自己的同盟者，站在了人民群众的对立面。

查理一世雕像

军队内部的分裂与斗争使革命力量大大削弱，为封建复辟势力的抬头提供了机会。1647 年 11 月，查理一世从监护所逃跑，后在威特岛被扣留。不久，苏格兰国会和英国长老派分别派代表到威特岛，与查理一世密谋复位问题。1648 年 2 月，王党在南威尔士发动叛乱，第二次内战爆发了。7 月，王党勾结的苏格兰反革命军队进入英国北部，支持查理一世复辟。

面对封建复辟势力的威胁，以克伦威尔为首的独立派不得不与平等派重新联合。1648 年 4 月 29 日，克伦威尔重新召开全军会议，并允诺在战后实现平等派的《人民公约》。两派决定团结起来一致对敌，消灭王党，并将国王交法庭审判。8 月，克伦威尔率军在普莱斯顿战役中击溃了苏格兰反动军队。9 月，攻占了苏格兰首都爱丁堡，苏格兰的政权转移到与英国国会结盟的长老派左翼手中。至此，第二次内战宣告结束。

为了防止王党势力死灰复燃，国会与军队共同组成特别法庭，审判查理一世。1649 年 1 月 27 日，在人民群众的呼声压力下，查理一世被判处死刑。30 日，查理一世在成千上万群众的围观下，在白厅前广场被送上了断头台。

护国公制

克伦威尔

从1653年到1658年，克伦威尔作为“护国公”进行军事独裁统治。克伦威尔自任“护国公”，还进行对外扩张和争夺海上霸权战争。1658年，克伦威尔死于疟疾。克伦威尔最主要的贡献是使得议会民主制在英国得以确立和加强。

共和国建立后，掌握政权的独立派面临着严重的社会经济问题。

由于内战的破坏，加之连年旱灾，农业歉收，粮价上涨，人民生活急剧下降。工业生产也遭受了巨大的破坏，英国主要工业部门均陷入萧条，城市工人失业严重，不少人死于贫困和饥饿。独立派政府不但没有采取改善人民生活状况的措施，反而变本加厉，不断增加税收，城乡人民的生活更加贫困。因此，英国广大人民群众的斗争又不断兴起。

由于独立派政府拒绝实现《人民公约》，平等派奋起抗争。1649年3月，利尔本发表了题为《粉碎英国的新枷锁》的小册子，把共和国的统治者斥为新国王和新权贵，号召人民起来实现《人民公约》。5月，利尔本等人在狱中起草了新的《人民公约》，提出资产阶级民主主义的政治纲领。新《人民公约》主张实行普选制，建立每年改选一次的一院制国会，提出法律面前人人平等。1649 年 5 ~ 6 月，英国各地爆发平等派士兵起义。然而，这些起义由于领导不力，组织涣散，最后都遭到克伦威尔的武力镇压。平等派运动从此逐渐消沉下去。

共和国成立后，英国又出现了比平等派更为激进的派别，其成员主要是农村贫民。因他们到处占领公地，开垦荒地，被称为“掘地派”，又称“真正平等派”。该派主张消灭土地私有制，平均地权，不纳捐税。掘地派不但要求普选权，而且提出平分土地的

·掘地派·

17 世纪英国资产阶级革命时期的空想共产主义派别，又称真正平等派。他们代表贫雇农和一部分城市贫民的利益，领袖为温斯坦莱。该派主张把土地公有；要求社会政治平等，财产平均；反对使用暴力。在英国资产阶级革命的影响下，下层人民的政治积极性空前高涨。1649 年共和国建立后，只颁布了有利于资产阶级和新贵族的土地政策，农民照例得向其缴纳地租，负担其他封建义务，对此，人民群众普遍不满，很多地方发生了下层群众运动。1649 年 4 月，有二三十人在温斯坦莱和埃弗拉德领导下，集合于伦敦附近萨里郡的圣·乔治山，共同占有并开垦那里的荒地。几个月后，人数迅速增加，许多地方得到响应。但地主武装破坏他们的垦殖区，政府派军队驱散他们。1650 年春，掘地派运动结束。1652 年，温斯坦莱发表《自由法》，阐发了掘地派的思想。

反映掘地派运动的图画

口号，它代表了广大贫苦农民的利益。掘地派的领袖和思想家是杰拉尔德·温斯坦莱（1609 ~ 1652 年）。他早年经商破产，后沦为雇农。他在《自由法典》这部代表作中提出，社会不平等的根源是土地私有制，主张人人都应拥有土地，享有平等的权利。温斯坦莱的思想带有空想共产主义的色彩，反映了穷苦农民和城市贫民的要求，对推动英国革命有重大意义。

1649 年共和国建立后，只颁布了有利于资产阶级和新贵族的土地政策，农民照例得向其缴纳地租，负担其他封建义务，对此，

人民群众普遍不满，很多地方发生了下层群众运动。1649年4月，30多名掘地派分子在伦敦附近塞尔利郡的圣·乔治山集体掘地开荒，这一行动产生了很大影响。掘地运动很快蔓延到诺桑普特、肯特、白金汉、兰开夏和亨丁顿等郡。掘地派主张用和平手段实现自己的主张，并幻想得到国会的保护。结果，在克伦威尔的残酷镇压下惨遭失败。

平等派和掘地派被镇压后，共和国赖以存在的社会阶级基础受到严重削弱。随后，克伦威尔又发动了对爱尔兰和苏格兰的战争。战争中掠夺来的大量土地，大部分被高级军官占有，这使军队丧失了原来的革命精神，其性质也发生了变化，由革命的武装力量变为克伦威尔个人军事独裁的工具。

在共和国成立后的几年中，以克伦威尔为首的独立派在军事上、政治上取得不少胜利，但国内矛盾仍然错综交织，社会不满情绪有增无减。为了进一步巩固自己的统治地位，克伦威尔于1653年4月带领军队解散了存在13年之久的长期国会，宣布实行护国公制。12月16日在伦敦的盛大典礼中，克伦威尔就任英格兰、苏格兰、爱尔兰的护国公，兼任陆海军总司令，成为实际上的军事独裁者。1657年，英国国会呈递《恭顺的请愿建议书》，请克伦威尔就任英国国王。克伦威尔虽然婉言谢绝了这一请求，但却把护国公制改为世袭，成了英国实际上的无冕之王。然而，在护国公制的背后，共和国已名存实亡。

斯图亚特王朝复辟

护国政府建立后克伦威尔为了巩固自己的专制统治，采取一系列加强独裁机构的措施。

1655年夏，他把全国划分为11个军区，各区派少将1名，统管全区的行政、军事、税收、治安等大权，直接对护国公负责。克伦威尔就是以这种军区制度对全国人民实行他的独裁统治。此外，护国政府还推行了一些维护教会和封建地主的政策，如确认地主的土地所有权、保护教会的什一税等。

该印章用来印在官方文件上，以证实其真实性。印章画面显示了1651年议长主持议会时的情景。

护国政府的政策加剧了国内矛盾。1658年，新国会召开，共和派议员对护国政府发起猛烈攻击，因此国会被解散。此后，共和派和平等派在各地发动反政府暴动，农民起义也接连爆发。逃亡国外的查理二世开始积极准备策动叛乱。就在这危机四伏的时候，克伦威尔于1658年9月病逝，其子理查·克伦威尔继任护国公。理查懦弱无能，高级军官们趁机争权夺势，国内政局混乱不堪。理查被迫于1659年5月辞去护国公一职，护国政权遂告瓦解。

护国政权解体后，政权落到高级军官手里。他们迫于日益高涨的人民革命运动，不惜与长老派妥协言和，恢复了国会。但是国会恢复不久就通过决议，要求惩办1653年解散国会的军官，于是军官们再次解散国会，组成“安全委员会”，进行军事统治。然而，“安全委员会”受到各阶层人民的抵制和反对，各地方政权也拒绝接受委员会的领导，军官们只好于1659年底又重新恢复了国会。

由于政局不稳，人民革命又此起彼伏，共和派和平等派在各地举行集会，鼓吹成立共和政体。资产阶级和新贵族慑于人民的声威，但又对军官们感到失望，于是便转向昔日的敌人，同王党集团携手合作，密谋让查理二世复辟。复辟活动很快得到驻防苏格兰的英军司令蒙克将军的支持。1660年2月，蒙克率军开进伦敦，以武力控制了政府，召集了长老派和王党分子占优势的新国会，为复辟铺平了道路。同时，国会同查理二世举行了简单谈判。4月，查理二世在荷兰的布雷达发表宣言。《布雷达宣言》实质上是国王同资产阶级新贵族之间达成的协议。5月8日，国会通过决议，迎立查理二世为英国国王。5月29日，查理二世在伦敦登上王位，斯图亚特王朝最终复辟了。然而他的倒行逆施，不仅损害了人民的利益，也严重威胁到资产阶级和新贵族的利益。最后，他们被迫采用宫廷政变的方式，重新夺回权力并建立了君主立宪制。

英国“光荣革命”

资产阶级和新贵族早年的革命性已不复存在，他们惧怕人民革命，不敢依靠人民群众推翻复辟王朝，只能寄希望于发动宫廷政变，来实现他们的目的。由于詹姆斯二世年老无嗣，国会决定在詹姆斯死后迎立其女儿——信奉新教的玛丽及其丈夫荷兰执政威廉为英国女王和国王。

国王威廉与女王玛丽

1688 年，詹姆斯得子，使资产阶级和新贵族的美梦破产。于是他们决定请威廉拥兵入英，逼詹姆斯退位。1688 年 11 月初，威廉以保护“新教、自由、财产和国会”的名义，率兵在英国西南海岸登陆，领兵直逼伦敦。一路上，受到资产阶级和新贵族的欢迎。詹姆斯二世的大臣、王族、军官也纷纷倒向威廉。詹姆斯二世在众叛亲离的情况下，慌忙逃往法国。

1688 年 12 月 18 日，威廉进入伦敦。1689 年 2 月 6 日，国会宣布詹姆斯二世“自行退位”。13 日，拥戴威廉为英国国王，玛丽为英国女王。斯图亚特复辟王朝宣告终结，这就是英国历史上的

“1688 年政变”。

资产阶级史学家把这次政变渲染为“光荣革命”。实际上，这次政变只不过是资产阶级和新贵族联合土地贵族为夺取政权而发动的一场宫廷政变而已。尽管如此，“1688 年政变”确立了资产阶级和新贵族的统治地位，巩固了英国革命的成果，成为英国历史上的一个转折点。

英国资产阶级革命对欧洲和世界其他地区都产生了重要的影响。

它宣告欧洲新的政治制度的诞生，揭开了欧洲和北美资产阶级革命运动的序幕，推动了世界历史发展的进程，在更大程度上反映了当时整个世界的要求。

·威廉·奥伦治·

威廉·奥伦治（1650 ~ 1702 年），生于尼德兰，信奉新教。22 岁任尼德兰执政，5 年后娶詹姆士二世之女玛丽为妻。1588 年 6 月，英国议会决定迎立他为英国国王。同年 11 月初，威廉率领一支 1.5 万人的军队和 600 艘舰船在英国西南海港托尔贝登陆，向伦敦挺进。英国的资产阶级、新贵族，甚至国王的部分大臣和军队都表示支持威廉。詹姆士二世众叛亲离，逃往法国。1688 年 12 月 18 日威廉进入伦敦，这就是 1688 年政变，或称“光荣革命”“不流血的革命”。1689 年 2 月，议会宣布威廉为英国国王，称威廉三世。其妻为英国女王，称玛丽二世。威廉·奥伦治在位期间，颁布《权利法案》，保障议会权利；采取保护关税政策，鼓励国内工农业发展；将爱尔兰变为英国的殖民地；长期与法国进行竞争。

君主立宪制

“光荣革命”打开了英国通往君主立宪制的大门。议会宣布詹姆斯二世“自行退位”之后，把王冠和早已拟好的《权力宣言》一起送给了威廉三世，此举暗示威廉不是靠无条件的世袭资格，而是靠有条件的议会拥戴才能得以登临大统。随后，议会通过了一系列宪法性法案，对王权进行了种种法律限制。又连续通过几个财政法案，剥夺了国王的正常财政来源。从此以后，离开议会的财政支持，国王将难以为继。“光荣革命”从根本上使英国的中央权力结构发生了改变，同时又没有割断历史超越传统。原有的君主制形式继承下来，国王继续享有决策权、行政权、大臣任免权等许多重要权力，但他的这些权力只能在议会广泛限制的范围内行使，一遇冲突，只要议会采取不妥协态度和动用财政手段，最终总能迫使国王屈服。国家主权的重心已无可挽回地从国王一边倒向议会一边。

“光荣革命”后，议会的召开与选举开始走上经常化和制度化的轨道。议会的地位稳步上升，王权日趋下降，国家权力结构的天平越来越倾向于议会一方。在立法上，国王虽然始终享有否决权，但这一权力自1708年起就变成一项有名无实的虚权，议会完全主宰了主权事务。在财政上，随着财政预算制度、专款专用制度和财政审查制度的建立，议会对政府财政的控制得以完善。在行政上，国王的权力也逐步被剥夺。这个变化是通过内阁制度的建立完成的。

内阁派生于枢密院，其最初萌芽是外交委员会。枢密院原是国王政府的中枢机构，因为其成员繁多，影响了效能的发挥，国王便在其中成立了一些专门委员会，分掌某一方面的具体工作。其中，成立于17世纪初的外交委员会权力最大，凌驾于枢密院之上。该委员会由少数国王宠臣组成，经常秘密聚会于王宫内室，商定国家策略，所以人们称之为“内阁”。在以后很长时期内，内阁并不是一个合法机构，议会多次对其进行攻击。后来，随着内阁精干高效的优越性日益明显，人们才心照不宣地接受了它。“光荣革命”后，内阁慢慢疏离国王，开始依附于议会。从乔治一世起，国王退出了内阁，首相产生。此后，内阁逐渐脱离了国王的控制。

从18世纪20年代到18世纪末，随着两党政治结构的逐步形成，内阁制度的各种基本原则渐渐确立起来。而国王则真正变成有名无实的虚君，英国的君主立宪制得到完善。

威廉三世开启了英国君主立宪的大门。

英国向北美殖民

印第安人为了打猎或节日庆祝，用在身上绘画的方式进行装饰。

17世纪初，英国殖民者凭借雄厚的经济力量和先进的武器，开始向北美殖民。

在北美的殖民地中，由于地理条件的差异而存在着多种经济成分。在北部殖民地，资本主义工商业比较发达；中部殖民地，大量存在着半封建的租佃制；在南部殖民地，则正盛行黑人奴隶制。黑人奴隶在中北部地区也有，但数量比较少，大多是家内奴隶。另外，13个殖民地中普遍存在白人契约奴。他们的地位略高于黑人奴隶，在5～7年期满后便能成为自由公民。

为统治和管理北美殖民地，英国建立了一整套统治机构。这是一套双重机构，一是在英国政府内部设置的管理殖民地事务的贸易司，二是派驻北美的总督及官员。

比起欧洲各国和西属拉美殖民地，英属北美殖民地在社会政治结构中存在较多的民主因素。第一，各殖民地均仿效英国，设有议会，而且选民比例较高，白人成年男子大多享有选举权。第二，在经济生活中，由于北美地广人稀，取得土地比较容易，因而小块土地所有者大量存在，无产者数量较少，贫富差别不像欧洲那样悬殊。第三，不存在封建特权和等级制度。北美虽然也有贵族，但他们的社会地位不是靠封建君主的封授和出身门第，而是靠个人的努力。他们虽占据了殖民地的各级官职，但主要是靠竞争选举上的，而不是靠世袭特权。第四，在北部诸殖民地盛行地方自治，当地人民通过参加市镇大会，享有一定限度的参政权。这些民主因素使英国在北美的统治基础不甚牢固，也使日后美国的独立战争成为可能。

英国政府希望殖民地成为英国工业的销售市场及廉价的原料供应地，因此一直对北美殖民地的资本主义工商业实行限制政策。不过，在 1763 年以前，由于英国忙于对法国的争霸战争，无暇严格执行这些限制政策。因此，18 世纪上半期，北美殖民地的资本主义工商业发展迅速，呈现空前繁荣的景象。手工工场数量增多，规模扩大，某些工业技术已达到欧洲先进水平。

随着经济的发展，原来处于隔绝状态的各殖民地之间的经济联系日益紧密。到 18 世纪中叶，各殖民地之间建立起完善的邮政系统，许多桥梁、渡船和道路网把主要城市联结起来，经济往来和文化交流更加便利。北方以工业品供应南方，南方则以农产品供应北方，逐渐形成了统一的北美市场。在此基础上，北美人民形成了某些共同的文化观念和心理素质，民族意识开始觉醒。人们普遍感到自己是与旧大陆不同的“新人”。于是，一个新兴民族即美利坚民族诞生了。此外，这一时期欧洲启蒙思想的广泛传播，也给其民族民主意识的发展以巨大动力。

七年战争

七年战争也称第三次西里西亚战争，这次战争是法国大革命前欧洲各大国卷入的最后一次欧洲大战，战场遍及欧洲、北美、印度和海上。

1756年7月，法奥俄同盟反普呼声高涨。普鲁士国王腓特烈为防止反普势力联合，决定采取主动进攻，争取战争的主动权。他把军队分成4路，用3路大军防守和牵制俄国，他亲率第四路大军于1756年8月28日对萨克森发动突然攻击，一举攻占了德累斯顿，封锁了皮尔那，迫使萨克森投降。前来支援的奥军被普军在罗布西兹击溃，普军乘胜进攻布拉格。

普军与奥军的激战

1757年5月，普军向布拉格发起进攻，奥军被迫退守城内。为解布拉格之围，奥军一部向布拉格开进，普军亦派一部迎击，两军在科林附近展开激战。

普军入侵萨克森，法俄等国极为震怒。

于是，法奥俄联盟决定出动 50 万大军围攻普军。面对联军的大举围攻，腓特烈并不害怕，他频频调动军队，抗击各路敌军。

11 月 5 日，普军和联军在罗斯巴赫附近相遇。联军统帅索拜斯凭借兵力优势，想迂回侧翼突击，力求速战。腓特烈识破意图后，立即命令部队移师贾纳斯山上。索拜斯误以为普军在全面撤退，他认为攻击的机会来了，于是下令全面追击。联军的整个队形杂乱无序，盲目进攻，预备队也冲到前面，侧翼完全暴露出来，给普军的进攻提供了明确的目标。

负责监视的 4000 名普军骑兵在联军攻近时，如尖楔一般插入联军的正面和右翼。贾纳斯山上的普军炮兵同时向联军发出猛烈的火力，扰乱了联军的整个队形。在普军的攻击下，联军溃败，损失 8000 余人，普军仅伤亡 500 余人。

贾纳斯山大战结束后，腓特烈并没宿营过冬，而是采取突袭策略，连连打击联军。12 月 4 日，联军在鲁腾占领了一个较好的防御性阵地，它的前面是一片开阔的平原。沿着阵地，联军排列阵形长达 5.5 英里，兵力是普军的 3 倍。5 日凌晨，对地形极为熟悉的腓特烈发现敌人阵地过长的弱点，于是派小股骑兵佯攻联军的右翼，把优势兵力隐蔽起来，以防止作战意图的暴露。受到攻击的右翼联军误认为是普主力军，遂从预备队和左翼调兵支援，左翼兵力薄弱。腓特烈立即命主力军由 4 支纵队变为 2 支纵队，采用斜切战斗队形向敌人左翼发起突然袭击。局部人数占优的普军使联军阵形大乱，不久便溃不成军，普军骑兵趁势猛冲敌人阵地。双方激战至夜幕降临，联军全部崩溃，其中奥军遭到毁灭性的打击。随后的时间里，普军和联军互有胜负。

1759年8月12日，俄奥两军联合在普鲁士腹地库勒尔斯多夫与普军展开会战。仅有2.6万人的普军仍采用主动出击策略，向拥有7万余人的俄奥联军阵地发起长达3个小时的猛烈炮轰，随后以斜切队形发起进攻，顺利夺取了米尔山阵地，向联军中央阵地发起冲击。联军被迫顽强防守，猛烈的炮火阻击住普军精锐骑兵的进攻。接着，联军展开猛烈的反攻。已精疲力竭的普军抵挡不住敌人的冲击，纷纷逃离战场。

这次战役成为七年战争的转折点，从此，普军元气大伤，被迫转入战略防御。战争随后又拖了4年之久，双方各有胜负。英法海上战争十分激烈，各联盟之间战争不休，欧洲陷入一片混战

·普鲁士王国·

普鲁士原为古普鲁士人居住地，13世纪为条顿骑士团征服，始称普鲁士。1466年臣属波兰，1525年成为普鲁士公国，1618年普鲁士和勃兰登堡合并，1648年摆脱波兰宗主国，1701年普鲁士王国正式建立。18世纪后半叶的七年战争和三次瓜分波兰，使其获得奥地利的西里西亚、波兰的西普鲁士等地，逐渐成为德意志的封建军事大国。19世纪，资本主义得到进一步发展。1848～1849年爆发了资产阶级革命，但遭失败。1862年俾斯麦就任首相后，通过战争，击败了主要竞争对手奥地利和法国，实现了德意志的统一。1871年建立以普鲁士王国为中心的德意志帝国，帝国皇帝和首相分别兼任王国国王和首相。帝国实行中央集权统治，普鲁士王国失去了“国家”的含义。1919年德国十一月革命推翻了帝制，建立共和国，普鲁士王国的名称消失。

之中。1762年，英国人背弃了普鲁士，率先与法国单独缔结停战协议，使普鲁士陷入孤立。交战各国这时都已筋疲力尽，无心再战，遂相继签订停战协议，一场席卷欧洲的战争宣告结束。

七年战争结束后，腓特烈大帝胜利返回首都柏林。腓特烈二世不但建立了强大的军队，而且鼓励工商业发展，使得普鲁士成为18世纪日耳曼民族中最强盛的国家。

这次战争英国获得了大片殖民地，成为最大的赢家，普鲁士也巩固了在德意志的地位，已经可以和奥地利分庭抗礼了。同时，这场战争对军事学术的发展很有影响，战争中暴露了以平分兵力和切断敌方交通线为主要特征的警戒线战略和呆板的线式战术的弱点，显示了野战歼敌的优越性。各国都吸取了腓特烈军事改革的一些经验，腓特烈自己也完善了其军事理论，特别是连续运用内线作战集中兵力各个击破敌人，坚决连续进行会战夺取战略要地，歼灭敌人有生力量，从而保住了普鲁士的生存。

美国独立

英法争夺霸权的七年战争结束后，英国加强了对北美殖民地的剥削和压迫，致使北美殖民地与英国之间的矛盾斗争趋于白热化。北美人民的反抗斗争此起彼伏，最终爆发了独立战争。

1774年9月5日，英属殖民地代表在费城成立美洲“大陆会议”，并秘密组织民兵武装，在康科德备有军需物资库。这一消息被英殖民者麻省总督盖奇知道后，于1775年4月18日派史密斯

上校带兵收缴。毁掉军需物资的英军在撤退时受到全莱克星顿人民武装的包围，英军且战且退，伤亡247人。

莱克星顿一战是美国独立战争中的第一次战役，它震动了整个北美殖民地。民兵迅速集合起来，包围了波士顿。5月10日，大陆会议在费城召开第二次会议，决定成

乔治·华盛顿塑像

1775年4月18日黎明，在莱克星顿公有草地上，身着红制服的英军向殖民地民兵开火，英勇的民兵扑向英国殖民军，打死打伤247名英国轻步兵，殖民军仓皇地逃回波士顿。这一役揭开了北美独立战争的序幕。

·自由女神像·

纽约港的自由女神像是美国的象征，是法国人于1884年7月4日赠予美国的。当1865年拿破仑三世即位时，一位名叫埃杜阿德·迪·拉布莱的学者以及他圈内的人们希望结束君主制度，建立一个新的法兰西共和国。他们酝酿造一个自由女神像，来表达他们对大西洋彼岸的伟大共和国的赞许，并激励法国人民和美国人民相互间的支持。

自由女神像的基座是由美国建筑师理查德·莫里斯·亨利设计的，基座高47米。女神像的设计者是来自阿尔萨斯的雕塑家弗雷德里克·奥古斯梯·巴陶第，他从法国画家德罗克洛瓦的名作《自由引导着人民》中得到灵感，而女神的脸庞则以他自己的母亲为原型。女神像高46米，冠饰上的七条光芒意寓将自由的希望照亮七大洲。女神左手托着一本《独立宣言》，右手高举熊熊燃烧的火炬，指引着民族自由解放的道路。

1884年8月，自由女神像底座奠基工程动工。1886年初，75名工人爬上高高的脚手架，用30万只铆钉把自由神像约100块零件钉到它的骨架上。10月中旬，自由女神像的建立终于全部完工。10月28日，美国总统亲自参加自由女神像揭幕典礼并发表了讲话。自由女神像所屹立的岛屿原来叫贝德娄岛，现在则改为自由岛了。

立一支真正的革命军队——大陆军，由华盛顿任总司令。

缺枪少弹的大陆军凭借满腔热情，攻占了加拿大的蒙特利尔，打退了波士顿的英军，击败了南部查尔斯顿的殖民者。1776年7月2日，大陆会议通过了《独立宣言》，大陆军成为合众国武装。整个北美殖民地人民情绪激昂。华盛顿率领军队接连取得胜利，迫使英军退出新泽西州中西部。

大西洋沿岸的北美战场极为狭长，对英军不利。英军欲以加拿大为基地，先平定北部新英格兰和纽约的美军，再向中南部推进。伯戈因遂带领加拿大英军南下，计划与纽约豪的驻军会合。豪改变计划南下，伯戈因失去接应而孤立。新英格兰境内的民兵不断阻击和骚扰，伯戈因无法获得充足的补给，行动迟缓。

9 月 19 日，处于困境的伯戈因决定放弃交通线，破釜沉舟向南进发，在弗里曼农庄向美军发起进攻。美军的顽抗使英军损失惨重，伤亡 600 余人。10 月 7 日，英国再次进攻，又遭到美军痛击，伯戈因被迫撤退。10 月 12 日，退到萨拉托加附近的伯戈因发现被追击的美军包围，只好投降。16 日，与美签订《萨拉托加条约》。

萨拉托加的胜利，是美国独立战争的转折点。国际反英势力纷纷支援美国，法、西、荷等国相继对英宣战，英国在国际上处于孤立状态。

自由女神像

英军将战略重心转移到南方，先征服佐治亚州，又逼降查尔斯顿的美军，随后攻占了南卡罗莱纳。1780年12月，华盛顿任命洛林为南部美军总司令。洛林将部队分散开来，展开游击战。1781年1月17日，在考彭斯全歼英军1100人。3月15日，在吉尔福德重创英军。同时，法舰队在海上与英军周旋，大大牵制了英军的陆上攻势。

4月，美军在法、西、荷等国海上舰队的配合下，开始大规模的反攻，迫使英军退守海岸线。8月，英统帅康沃利斯将南部主力集中在弗吉尼亚半岛上的约克敦，以便与纽约驻军相互策应。华盛顿率领美法联军1.6万余人，从水陆各方包围了约克敦，切断了英军与纽约驻军的联系。10月9日，联军发起总攻，分别从左右两方同时向约克敦发炮。火炮的巨大吼声持续了十八九个小时，英军逐渐支持不住。16日，试图从海上逃跑的英军又因暴风吹散

1781年10月19日下午2时，最后一支英军在约克镇投降，胜利的美军奏起了当时的流行乐曲《世界变得天翻地覆》。1783年9月3日，双方签订和约，承认美国独立。美国独立战争是第一次殖民地人民争取独立解放的资产阶级革命，推动了18～19世纪的资产阶级革命浪潮。

了准备好的船只而无法撤离。17日，失去反攻能力的英军只好投降。

1783年11月3日，美英签订和约，英国承认美国独立。

起草《独立宣言》的委员会成员们站在主席约翰·汉考克面前，站立者中左数第四人为杰斐逊。

世界上最早的成文宪法

美国人民在争取民族独立的同时，还在社会政治、经济领域内进行了一系列改革，收到了较好的成效。

首先，在1776～1780年，除罗德艾兰和康涅狄格两个州外，其余11个州都制定了州宪法。这些州宪法是世界史上最早的成文宪法，都附有《权利法案》，宣布实行共和制、州政府官员选举制，并限制州长权力，加强州议会权力。大多数州降低了议员财产资格，扩大了选举权。其次，许多州废除了维护大土地所有制的《限量嗣续法》和《长子继承法》，而中部各州半封建的大地产租佃制趋于瓦解。许多州还宣布实行宗教信仰自由，个别的州对刑法进行了改革，废除了野蛮残酷的刑罚，死刑范围大大缩小。

1787 年美国宪法制定时的情景

《邦联条例》是美国1776年制定的第一部全国性宪法。当时，北美人民鉴于殖民地时代的经验，害怕中央政府权力过于集中会导致暴政，所以给各州保留了很大的独立性。因此，一定时期内，美国俨然是由 13 个独立国家组成的松散的联盟。当时，美国商人在国际市场上经常受到外国商人的欺辱，西部白人也因缺乏中央政府的保护而经常遭受印第安人的侵扰。此外，当时欧洲各大国对新生的美国虎视眈眈，总想伺机侵犯，这一切都表明了加强中央权力的必要性。

1787 年 5 月 25 日，制宪会议在费城举行。在长达 4 个月的激烈争论中，与会代表在互相妥协、调和各派矛盾的基础上，于 9 月份制定出《联邦宪法》。这部宪法确立了美国的共和政体和联邦制度，加强了中央政府权力，并按照三权分立原则，国家权力分别授予立法、司法和行政 3 个部门。总统和议员由人民选举产生，文官政府控制军权，具有鲜明的民主色彩。

美国的共和制度是在明确的理论指导下，按照预先设计好的宪法框架自觉构建起来的。根据 1787 年《联邦宪法》，美国国会是最高立法机关，由参议院和众议院组成。参、众两院均有权提议立法，但所有财政税收法案必须由众议院提出。

在中央与地方的权力划分上，美国采取的是联邦制形式。在这种制度下，国家的重要权力集中于中央政府手中，同时又给地方政府保留了一定程度的自治权。这样，既可防止各地自行其是，又避免了权力过于集中。

实践证明，美国在独立革命之后创立的这套民主共和制度很成功，它使中央 3 个权力机构之间、中央与地方之间相互制约，彼此联系，既有利于防止独裁，又在一定程度上保障了资产阶级民主。民主共和制的开创是人类政治文明进步的主要表现之一。

欧洲启蒙运动

启蒙运动的出现有这样几个原因：首先，它的产生是资产阶级反对封建专制制度的时代要求。17 ~ 18 世纪，随着资本主义的发展，封建专制制度的阻碍作用越来越明显，日益强大的资产阶级迫切要求推翻这一腐朽反动的制度。其次，启蒙运动是在 17 世纪唯理主义哲学的基础上发展起来的。唯理主义哲学的代表人物笛卡尔，用人的理性代替了神的启示，用独立思考代替了对神的盲目信仰。这种与神学迷信相对立的理性学说是启蒙运动的思想

·伏尔泰·

伏尔泰，1694 年出生于巴黎，原名佛兰苏阿·马利·阿鲁埃，伏尔泰是其笔名。18 世纪初，伏尔泰成了启蒙运动的旗手。1718 年，他发表了悲剧《俄狄浦斯王》，取得了热烈反响，从此用伏尔泰笔名。1734 年，伏尔泰出版了《英国通讯集》，对法国的宗教教派斗争进行了抨击。此后，伏尔泰从各个方面抨击教会和封建制度的反动统治。伏尔泰的名气越来越大，许多达官贵人为了沽名钓誉，纷纷同他交往。后来他发现包括普鲁士腓特烈二世在内的封建统治者并不是真正赞同他的观点，便决心不再与任何君主往来。1755 年，他在法国和瑞士边境的佛尔纳定居下来，在此期间又发表了哲理小说《老实人》《天真汉》等不朽名著。1778 年 5 月底，伏尔泰在佛尔纳逝世。

渊源。另外，启蒙运动的发生还与自然科学的发展密切相关。

启蒙运动发源于英国，英国学者在启蒙运动中占有重要地位。培根反对中世纪的经院哲学，肯定世界是物质的。他提出了“知识就是力量”的著名口号。霍布斯提出社会契约学说和国家起源学说。他反对教皇和天主教，主张把教会置于国家和君主的管辖之下。洛克认为知识来源于感觉，经验是知识的源泉。他反对王权神授，主张立法、行政、外交三权分立，提倡自由和宽容。赫伯特创立自然神学说，认为《圣经》荒诞无稽，理性是寻求真理最可靠的依据。普里斯特利认为三位一体、得救预定、神启《圣经》都是荒谬的。

正在桌前工作的伏尔泰

伏尔泰是启蒙运动中著名的思想家。

18 世纪，启蒙运动在法国达到高潮，涌现出一大批著名的启蒙思想家。他们要求破除神学迷信，高举理性旗帜，为启蒙运动作出了巨大历史贡献。启蒙思想家们提倡科学，反对蒙昧主义，对宗教教义和神学进行了严厉的批判。其中，伏尔泰对宗教神学的批判尤为辛辣。

伏尔泰这个“投向旧制度的第一颗炸弹”，是启蒙运动中公认的领袖和导师。他指出，宗教是“一些狡猾之徒虚构出来的最庸俗的欺骗之网”，教义本身就是弥天大谎，教皇、僧侣全是“狂信者”“骗子手”。他认为现存社会的一切灾难都来源于无知，而造成这种状况的就是教会。因此，他号召人们破除对上帝和神的盲

1775 年，在法国一贵妇人的沙龙上，客人正在宣读伏尔泰的作品，启蒙思想已深入人心。

目崇拜，为科学、理性和进步而奋斗。

法国哲学家孟德斯鸠猛烈抨击专制制度，认为专制主义统治下的法国是极不合理、极不公平的社会。他指出罗马共和国的盛衰取决于统治者的贤明或昏庸，矛头直指路易十五统治下的法国。他的著作《论法的精神》，被伏尔泰誉为“理性和自由的法典”。在这部著作中，他提出了立法、行政和司法三权分立的学说，认为最理想的政治制度是英国的君主立宪制。经济学家杜尔哥指出人类社会的历史就是人类理性进步的历史。哲学家孔多塞主张人类要不断前进，消灭阶级间的和民族间的不平等。

法国启蒙运动的杰出代表还有以百科全书派为中心的一批唯物主义思想家。拉梅特里发挥了唯物论和无神论的精神。霍尔巴赫对宗教进行无情的讽刺，指责基督教违反理性和自然。爱尔维修攻击一切以宗教为基础的道德。狄德罗终生为自由、真理和社会进步而奋斗，写了一系列唯物主义哲学著作。1746 年，他发表

《哲学思想录》，谴责暴君，对基督教进行了无情的抨击。

法国启蒙运动中，小资产阶级民主派的代表人物是卢梭。他指出，人类不平等的根源是私有制，主张天赋人权、主权在民、自由平等。在政治上他拥护共和国。他的政治思想对18世纪末法国大革命产生了重大影响。

在经济理论上，启蒙思想家们提出了经济自由的思想。重农学派的创始人魁奈认为，农业是创造财富的唯一生产部门，因此只有从事农业的人才是生产阶级。工业只不过是从事加工工作而已，经营工业的是非生产阶级。除此之外，还有一个不劳而获的土地所有者阶级。他提出，国家的全部赋税都应该由土地所有者阶级负担。他还建议，应鼓励资本家用地主的土地，发展资本主义大农业；政府应实行“放任政策”，允许自由竞争和自由贸易等。

启蒙运动波及德国和俄国，也越过大西洋，在英属北美殖民地得到传播。启蒙运动还扩展到亚洲、非洲、拉丁美洲地区。19世纪末20世纪初，中国出现了最初的一批启蒙学者，他们翻译欧洲启蒙思想家的名著，介绍他们的思想，对中国的思想界、学术界起了重要的推动作用。

启蒙运动的思想家们勇于为真理和正义而斗争。给“天国”的神灵和世上的王权以沉重的打击。他们的著述描绘了未来“理性王国”的蓝图，启发并培养了一代革命者。启蒙运动为摧毁腐朽的封建制度、确立资本主义制度做了思想上和理论上的准备。启蒙思想家所宣传的自由、平等、民主和法制的思想，对1775 ~ 1783年的北美独立战争、1789年的法国大革命以及19世纪欧洲爆发的一系列资产阶级革命都产生了极大的影响。

法国大革命的导火线

法国在18世纪末期，是欧洲大陆上典型的封建专制国家。农业占主导地位，但资本主义工商业已有较大发展，许多领域都在欧洲大陆各国中处于领先水平。然而，腐朽的封建专制制度严重阻碍了资本主义的发展。

资本主义工商业的发展，使法国阶级关系发生了变化，而新的生产力与旧的生产关系的尖锐矛盾，使阶级斗争日趋激化。革命前，波旁王朝的路易十六实行专制集权的残暴统治，等级制度森严，全国居民被分为三个等级：天主教僧侣（教士）为第一等级；封建贵族为第二等级；资产阶级、城市平民、工人和农民为第三等级。封建法律明文规定："僧侣以祷告为国王服务；贵族以宝剑为国王服务；第三等级以财产为国王服务。"第一、第二等级为特权等级，他们霸

路易十六

在这幅 18 世纪的版画中，从各省运来的小麦、木材和干草正在从船上卸到塞纳河岸上。食品和燃料的短缺经常导致巴黎民心不稳。

占了政府、军队和教会的重要职位，享有种种特权，不向国家缴纳赋税，过着骄奢淫逸的生活。

18 世纪末，法国的统治阶级已非常腐朽，国王及王室成员穷奢极欲。国内政治腐败不堪，对外战争也屡遭失败。“七年战争”中，法国丢失了大片海外殖民地，国际地位一落千丈，政府财政陷入崩溃。后又因参与北美独立战争，军费剧增，财政危机进一步加剧。1787 ~ 1788 年，法国国内发生经济危机，生产萎缩，粮价上涨，社会更加动荡不安。这一切都表明，法国的旧制度已陷入绝境，革命的爆发已不可避免。

迫于财政压力，路易十六决定召开已中断 160 多年的三级会议。1789 年春，资产阶级利用这个机会，积极开展政治活动，尤其是在选举三级会议代表和起草《陈情书》的过程中，大造舆论。在巴黎及各地出版的许多传单和小册子中，西哀耶士的《什么是第三等级？》一书流传最广。各阶级向三级会议提交的《陈情书》中提出了各自的要求，会议的召开及其斗争，成为法国大革命的导火线。

1789年5月5日，三级会议在凡尔赛宫召开。

1789 年 5 月 5 日，三级会议在凡尔赛宫正式开幕。出席会议的代表 1139 人，其中第一等级 291 人，第二等级 270 人，第三等级 578 人。国王在开幕词中，要求与会代表商讨解决财政危机的方案，而只字不提政治改革问题。他还宣布按惯例，三个等级分别开会讨论，并以等级为单位进行表决（每个等级只有一票），以此来控制会议决定。第三等级的代表则坚决要求按代表人数进行表决，以便取得多数，实行有利于资产阶级的改革。

自 5 月初以来，法国人民一直密切注意着三级会议的动态。巴黎市民成群结队地来到凡尔赛，声援第三等级代表的斗争。在这一有利形势下，第三等级的代表们于 6 月 17 日自行召开了国民会议，宣布自己是国民的使者，拒绝征收新税，要求政府偿付国

1774 年，图尔高被任命为新册立的路易十六国王的财政大臣，他试图推行一系列改革，但遭到既得利益集团的反对，最终未能改变路易十六、法国王室及法国政治的失败。

债，宣布国王无权否决国民会议的决议。不久，参加三级会议的低级僧侣和自由派贵族开始转向第三等级，参加了国民会议。国王在局势失去控制的情况下，被迫同意三个等级的代表在一个会场开会。7 月 9 日，国民会议改为制宪议会，准备着手制定宪法。从三级会议到制宪议会，表明第三等级对国王的斗争获得了初步胜利。

· 三级会议 ·

三级会议是法国的等级代表会议。第一等级是僧侣；第二等级是贵族；第三等级起初指城市工商业者的上层分子，18 世纪末，包括农民、工人、小商贩和城市贫民、为数众多的小生产者以及资产阶级。会议由国王召集。1302 年，首次召开三级会议。从 1614 年起，175 年间从未召集过三级会议。1789 年，为了解决严重的财政危机，国王路易十六同意召开三级会议。资产阶级希望三级会议进行政治改革，分享政治权利。国王路易十六只要求代表解决财政问题，会议发生激烈冲突。会议伊始，第三等级代表和一些自由派贵族就违背国王的初衷，把矛头指向专制制度。7 月 9 日，第三等级宣布将这次会议改为制宪会议。国王立即调动军队镇压，激起 7 月 14 日的巴黎人民武装起义。

攻占巴士底狱

在巴黎东南的圣安东街，有一座高大的城堡，它就是巴士底狱。巴士底狱建于 1382 年，起初是为了抵抗英国人而建的堡垒，后来由于巴黎的扩大逐渐成为巴黎市区的建筑，改为王家监狱。这座阴森恐怖的城堡有高高的石墙，城墙上有 8 座塔楼，每个塔楼的顶端都安放着一尊大炮，虎视眈眈地对着整个巴黎。巴士底狱四周有一条宽 25 米的壕沟环绕，只有通过吊桥才能进入。几百年来，法国的官吏和密探，可以不经任何法律就逮捕反对国王、反对贵族、反对专制主义的人，把他们投入巴士底狱。在法国人民眼里，巴士底狱就是封建专制的象征。

18 世纪的法国，国民分为三个等级，第一等级是教士，第二等级是贵族，第三等级是资产阶级、城市平民、工人和农民。第一、第二等级的人数只占全国人口的 1%，但他们有权有势，占有全国 1/3 的土地，却不用缴税。他们还利用手中的权力，提高税收，设置关卡，千方百计地剥削人民，引起了广大人民的不满。

1789 年 5 月，法国国王路易十六为了榨取更多的钱财供他挥霍，召开了三级会议。第三等级的代表识破了他的诡计，趁机提出要求限制国王的权力，把三级会议变成国家的最高权力机关，这理所当然遭到了路易十六的拒绝。于是第三等级的代表宣布退出三级会议，成立国民大会，后来又改为制宪会议。听到这个消

在攻陷巴士底狱并释放了为数不多的囚犯之后，人们抓住了监狱长。他被砍摔的头颅，随后被枪尖高高挑起。

息后，路易十六暴跳如雷，秘密调集军队进入巴黎，准备逮捕第三等级的代表。

巴黎人民得知这一消息后，群情激愤，怒不可遏。1789 年 7 月 13 日，巴黎人民手拿大刀、长矛、火枪，举行了声势浩大的起义。起义军迅速占领了巴黎的军火库，夺取了好几万支火枪和几门大炮。惊惶失措的路易十六急忙派军队前去镇压，但被起义军打得大败。仅一天的时间，起义军就控制了全城，只剩下市东南的巴士底狱了。

7 月 14 日，巴黎群众高呼："到巴士底狱去！"起义军从四面八方赶来，包围了巴黎最后一座封建堡垒。巴士底狱守备司令德·洛纳被潮水一样涌来的起义军吓破了胆，急忙命令士兵绞起铁索，升起吊桥。为了减少伤亡，起义军派了几个代表，举着白旗，去同巴士底狱守备司令德·洛纳谈判，希望他投降。但丧心病狂的德·洛纳竟然命令巴士底狱的士兵向代表们开枪。巴黎人民被彻底激怒了，立即向巴士底狱发起了猛攻。巴士底狱的士兵从城墙上向起义军开火，并用塔楼上的大炮轰击。起义军冒着敌人的炮火前进，他们抬着云梯，越过壕沟，奋不顾身地攻城。但由于敌人的火力太猛，起义军损失惨重，被迫撤退。起义军从四周的街垒向巴士底狱射击，但由于距离太远，对守军构不成威胁。

"我们也要有大炮！"大家齐声说。很快，起义军找到了几门旧大炮，上面生满了铁锈。一个叫肖莱的酒商自告奋勇来当炮手。"轰轰轰"，一排排的炮弹带着起义军的怒火打在城墙上，人民发出阵阵欢呼。但旧大炮的威力太小了，只打掉了一些石屑，在厚厚的城墙面前，实在是微不足道。巴士底狱的守军大声嘲笑起义军。

有几个勇敢的人拿着铁锹、铁镐、火把和炸药，冒死冲到巴士底狱的城墙下，想在墙上挖个洞，然后用炸药炸塌城墙。但他们还没来得及行动，就被城墙上的士兵打死了。

“我们需要真正的大炮和炮手！”大家又分头去找，过了一会儿，有人找来了一门威力巨大的大炮。炮手们调整好角度，把炮弹放到大炮里，点燃火绳，“轰”的一声，大炮发出一声怒吼，威力巨大的炮弹重重地撞在城墙上，发出震耳欲聋的爆炸声，城墙一下子就被轰塌了一大块。人们发出阵阵欢呼。“轰轰轰！”炮手们一刻也不停，继续发炮。“咣当”一声，一颗炮弹把铁索打断了，吊桥掉了下来。“冲啊！”起义军发起冲锋，踏着吊桥冲进了巴士底狱，城内的士兵见大势已去，纷纷投降，德·洛纳被愤怒的起义军活活打死。

占领巴士底狱的消息传到全国后，各地的法国人民纷纷起义，夺取政权。后来 7 月 14 日被定为法国国庆日。

·巴士底狱·

巴士底狱虽然是一个关押政治犯的监狱，但它的条件并没有想象中那么恶劣。巴士底狱并不光关押那些政治犯，很多头脑发热的贵族青年也常被送到里面去吸取些经验教训，比如伏尔泰就两次被关了进去。当然，巴士底狱也经常关押一些比较顽固的政治犯，那些人的待遇就差多了，经常有人被活活折磨得发疯，而且一关就是几十年甚至一辈子。谁也不知道巴士底狱里面关押了多少人，由于它的神秘，人们一直把它当成封建专制的象征。所以在法国大革命时期，人们把攻占巴士底狱看成是革命胜利的标志。

法国的《人权宣言》

1789年8月4日夜，法国制宪议会紧急召开会议，内容是讨论农民的土地问题。会上，手足无措的贵族和僧侣们纷纷表示放弃封建特权。8月5日至11日，制宪议会通过了关于解决农民土地问题的《八月法令》。法令规定：废除农民对地主的依附关系和劳役；废除特权等级和各种特权；废除教会的什一税。但是，《八月法令》却要求农民高价赎买土地；没收教会的土地也分成大块高价出售，结果大部分土地落入资产阶级手中。这表明该法令实质上没有解决农民的土地问题。

《人权宣言》宣传画

1789年8月26日，制宪议会通过了宪法的序言——《人权宣言》。《宣言》是以1776年北美《独立宣言》为蓝本，以启蒙思想家的政治理论为依据而制定的。《宣言》指出人生来是平等的。《宣言》还宣布取消等级差别，否定君权神授，“在法律面前，所有公民一律平等”，每个公民都享有人身、言论、信仰等自由，而且有反抗压迫的权利。《宣言》还规定了“财产是神圣不可侵犯的权利”。

《人权宣言》是资产阶级的纲领性文件，它的颁布具有重大进步意义。它以法律的形式，第一次把启蒙思想家所阐述的资产阶级政治主张固定下来。它提出的“在法律面前人人平等”和“主权在民”的原则，既沉重地打击了法国以至整个欧洲的封建专制制度，又调动了法国人民参加反封建斗争的积极性。

革命胜利后，路易十六在凡尔赛加紧策划反革命活动。他一面拒绝批准《八月法令》和《人权宣言》，一面又暗中向凡尔赛集结军队。革命领袖马拉主编的《人民之友报》，揭露了国王的反革命阴谋，号召人民向凡尔赛进攻。当时，由于雹灾歉收而处于饥饿中的巴黎人民怒不可遏。1789 年 10 月 5 日，成千上万的巴黎人民群众，在圣安东妇女的带领下，冒雨向凡尔赛进军，并包围了王宫，高呼着“要面包”的口号。10 月 6 日清晨，国王卫队向群众开枪。愤怒的群众冲进王宫，逼迫国王批准了《八月法令》和《人权宣言》。群众把国王和王后从凡尔赛押到巴黎，置于人民群众的监督之下。不久，制宪议会迁到巴黎。这次事件，粉碎了国王的复辟阴谋，又一次挽救了制宪议会，把革命进一步向前推进。

1791 年 9 月 14 日，制宪议会颁布新宪法，史称《1791 年宪法》。新宪法规定法国为君主立宪政体国家，立法权属于由选举产生的一院制立法议会，立法议会是国家最高立法机构；国王是

·路易十六·

路易十六(1754 ~ 1793年),法国国王。1774年即位,正值王朝危机四伏,财政支出激增,经济濒于破产。为征收新税,不得不求助于第三等级。1789年5月,路易十六被迫召开中断了175年的三级会议。但他竭力维护特权等级利益,拒绝第三等级的改革要求,并企图用武力威胁第三等级代表。7月14日,巴黎人民攻陷巴士底狱,路易十六迫于形势,接受革命现实,但在暗地里进行破坏。1791年6月20日偕王后、王子化装潜逃未遂。1792年在立法议会宣布的对奥战争中,他勾结外敌和逃亡贵族,企图镇压革命。8月10日巴黎人民起义,推翻王政,9月21日成立法兰西共和国,路易十六被捕。1793年1月18日,他被国民公会以叛国罪判处死刑,1月21日在巴黎革命广场被处死。

国家行政机构的首脑,但只能依据法律统治国家;司法权属于选举产生的法官,实行陪审裁判制。宪法宣布取消封建等级制;在选举制度上,凡年满25岁,有财产并能缴纳直接税的为“积极公民”,享有选举权;凡是不符合财产规定的为“消极公民”,被剥夺选举权与被选举权。

制宪议会实行了有利于资产阶级的改革:统一行政区,把全国划为83个郡,取消了内地的关卡和苛捐杂税;废除了工业法规和行会制度;取消了商品专卖权,实行粮食自由买卖;统一全国的度量衡和货币。这些措施加速了法国资本主义工商业的发展。制宪议会还宣布国家监督教会和神职人员;把教会地产收归国有,并分成大块高价出售。这些措施既打击了天主教会,又增加了政府收入,而且满足了大资产阶级和自由派贵族购买土地的要求。

与此同时，制宪议会针对工人反饥饿的罢工斗争，于1791年6月通过了严禁工人集会、结社和罢工的《列霞不列埃法》。这表明资产阶级刚刚掌权就用政治手段把资本和劳动之间的斗争限制在对资本有利的范围内。

总之，制宪议会所通过的各项法令和政策虽具有一定进步意义，但改革的目的却在于巩固大资产阶级和自由派贵族的统治，为资本主义的发展开辟道路。

1789年8月26日，代表大会通过了《人权宣言》，这个宣言后来成了新宪法的基础。

法国结束君主制

在法国革命深入发展的同时，大资产阶级与人民群众之间的矛盾也日益尖锐起来。1791 年 6 月 21 日深夜，国王和王后企图逃亡国外，这一事件激起群众的极大愤慨。巴黎有近 3 万群众在民主派的领导下举行示威游行，撕毁国王肖像，要求废黜国王，建立共和国。

然而，君主立宪派却把国王保护起来，还说国王是被“劫持”

·瓦尔密会战·

瓦尔密会战是法国大革命期间，法国革命军队与普鲁士、奥地利外国干涉军在法国马恩省瓦尔密村进行的一场会战。法国革命引起了欧洲各国封建君主的仇视和恐惧。1792 年 2 月，奥地利和普鲁士结成反法联盟。8 月，普奥联军侵入法国东北部，并向巴黎推进。9 月 19 日，法军两个军团（5 万多人）到瓦尔密附近设防。20 日，普奥联军（约 4 万人）来到瓦尔密，开始对法军进行炮击。法军抢占小丘，开炮反击。联军向法军发起了两次冲锋，但都没有击溃法军，被迫停止进攻。双方进行了大规模的炮战。后来，联军后勤补给困难，再加上天气不好，于 9 月 30 日开始撤退，法军开始追击。10 月 5 日，普奥联军被全部赶出法国国境。瓦尔密会战是法国第一次取得反击欧洲反法联盟的胜利。

走的，并非主动逃亡。群众怒不可遏，纷纷到马尔斯校场集会，再次要求废黜国王，建立共和国。君主立宪派竟然派国民自卫军前去镇压，开枪打死50多人，伤几百人。

罗伯斯庇尔

1791年，罗伯斯庇尔成为雅各宾派的领袖人物。1792年8月起义后，他坚决主张处死国王路易十六和抗击普奥联军。1793年5月，颁布《1793年宪法》，摧毁了封建土地所有制，粉碎了欧洲各君主国家的干涉，在保卫和推动法国革命中起过很大作用。1794年6月，罗伯斯庇尔被推选为主席，后被大资产者和新富人于同年7月27日发动的热月政变中逮捕，次日被处死。

这一流血事件，说明君主立宪派已经背叛了人民。从此，革命阵营内部分裂了。

革命阵营内部的分裂，促使革命俱乐部的重新组合和民主派的形成。自革命爆发以来，巴黎出现了许多政治俱乐部，其中影响最大的要数雅各宾俱乐部。革命初期，雅各宾俱乐部的成员极为复杂，其中有自由派贵族、工商业资产阶级和革命民主派。

7月17日流血事件后，君主立宪派公然退出雅各宾俱乐部，另组织了斐扬俱乐部，这是雅各宾俱乐部的第一次分裂。斐扬俱乐部主张君主立宪制，反对民主共和制。大革命初期一度当政，制定废除封建特权、没收和拍卖教会财产、废除贵族制度、取消行会等一系列反封建政策，制定君主立宪制的宪法。但斐扬派被国王收买，成了右翼保守势力。然而雅各宾俱乐部内仍存在着左、右两派。右派是温和的共和主义者，代表吉伦特郡和西南部大工

巴黎人民与王室卫兵队的激战

1792年，反法军队侵入法国，全法国开始总动员，人们纷纷加入义勇军，援救巴黎，保卫祖国。巴黎人民也行动起来开始起义，建立了自己的国民自卫队，打败了王宫卫队，占领了王宫。

商业资产阶级的利益，称吉伦特派；左派是革命民主主义者，以罗伯斯庇尔为代表，称雅各宾派。

路易十六被押回巴黎后，迫于革命的声威，于1791年9月14日批准了宪法。9月30日，制宪议会宣布解散，由公民选出的立法议会于10月1日正式成立。当时，法国正面临着封建复辟势力的严重威胁。同时，欧洲各国的封建君主们惊恐万状，准备联合出兵，干涉法国革命。

奥地利率先派兵开赴法国边境。为保卫革命，立法议会对奥地利宣战。在抗击外国武装干涉的斗争中，路易十六的反革命面目充分暴露出来。掌权的君主立宪派也没能有效地组织战斗，致使法国在前线接连受挫。于是，巴黎人民于 1792 年 8 月 9 日再次举行起义，囚禁了国王，宣布废除《1791 年宪法》，并将召开普选产生的国民公会。

这次起义结束了法国君主制，推翻了君主立宪派的统治，使法国大革命迎来了一个新的高潮。

8 月 9 日起义后，代表工商业资产阶级利益的吉伦特派掌握了国家政权。在革命形势的推动之下，吉伦特派政府出台了一些社会经济改革措施。在通过的法令和决议中，满足了农民的一部分要求，这也是推翻君主制的直接成果。

1792 年 8 月 19 日，10 万普奥联军和 1 万逃亡贵族组成的反动军队越过边境，侵入法国领土。23 日，隆维要塞司令不战而降，叛变投敌。9 月 1 日，凡尔登陷落，通往巴黎的大门被打开，法国革命处在生死关头。在此时刻，吉伦特派竟怯懦动摇，准备放弃首都巴黎，向南方撤退；而雅各宾派却发出了战斗号召，动员公民同敌人战斗到底。当时巴黎征募了 6 万名志愿军。当整装待发的义勇军得知关押在监狱里的反革命分子准备阴谋暴乱时，就冲进监狱，处死了 1000 多名反革命分子，打击了敌人的气焰，巩固了后方。

迅速开赴前线的法国义勇军，士气高昂，与普鲁士军队在瓦尔密高地展开的战斗中，击退了布伦瑞克率领的联军，取得了战争以来的首次胜利。瓦尔密大捷沉重地打击了国内外反动势力，法军也开始由防御转入反攻，并迅速把敌人驱逐出国境。法国人民又一次挽救了革命。

法兰西第一共和国

1792年8月10日，巴黎人民发动第二次武装起义，推翻了君主统治。

9月21日，国民公会开幕，次日，国民公会宣布成立法兰西共和国，史称第一共和国。

为了控制国民公会，吉伦特派极力排斥、打击雅各宾派。在国民公会中，两派就如何处置国王的问题展开了激烈的争论。雅各宾派要求把国王交给人民审判，以彻底粉碎国内外封建势力的复辟阴谋，而吉伦特派为了同反动势力妥协，极力袒护国王。

1792年11月间，在王宫的一个秘密壁橱里，发现了国王路易十六同欧洲封建宫廷勾结的文件以及同逃亡贵族往来的大批信件。巴黎人民得知消息后，怒不可遏，坚决要求立即审判国王。吉伦特派在国民公会里还为国王开脱罪责，但经过激烈的辩论，大多数代表主张判处国王死刑。

1793年1月21日，路易十六作为“民族的叛徒”“人类自由的敌人”被送上断头台。处死国王是革命人民的重大胜利，它不仅推动法国革命进一步前进，而且也打击了欧洲的封建秩序和君主的权威。

从1792年秋到1793年初，对外战争致使法国财政空虚，经济遭到严重破坏：工业衰落，商业萧条，农业减产。然而，吉伦特派控制的国民公会，对群众的疾苦置若罔闻，引起人民群众的不满。吉伦特派极端仇视忿激派的革命活动，诬蔑反映下层人民要求的忿激派是“疯人派”，并进行迫害。雅各宾派起初没有支持忿激派的要求。

后来，出于战胜国内外封建势力的需要，便主动联合忿激派，共同反对吉伦特派。1793 年 5 月 4 日，在罗伯斯庇尔的提议下，国民公会终于通过了《粮食最高限价法案》。

法国在对外战争中的胜利和处决路易十六，使欧洲各国的君主极为恐慌，他们害怕自己的劲敌强盛而成为欧洲和海上霸主。不久，以英国为首的反法势力组成了由普鲁士、奥地利、荷兰、葡萄牙、西班牙、那不勒斯、撒丁等国参加的第一次反法联盟，

·吉伦特派·

吉伦特派是法国大革命中代表工商业资产阶级利益的政治派别，因该派领袖人物布里索、维尔尼奥等多来自吉伦特省而得名。1792 年 8 月 10 日起义后，吉伦特派执掌政权。吉伦特派主张废除君主制，于 1792 年 9 月宣布成立法兰西共和国，并把国王路易十六押上断头台。随着革命的深入，认为法国革命应当止步，恢复秩序，并竭力维护工商业资产阶级的利益。1793 年初法国局势恶化，前线紧张，粮食奇缺，物价飞涨，群众要求限制物价，打击投机倒把。吉伦特派则坚持经济自由原则，不愿对经济进行干涉和管制。1793 年 4 月，前线发生吉伦特派将领叛变事件，巴黎群众极为愤怒。1793 年 5 月 31 日 ~ 6 月 2 日巴黎群众起义，逮捕吉伦特派议员及其首领，吉伦特派被推翻。1794 年 7 月 27 日热月政变后，该派又成为热月党的骨干。

对法国发动了新的进攻。

当时执政的吉伦特派，一心想镇压革命民主派和人民群众，不愿组织力量进行抵抗。因此，在反法联军的大举进攻之下，法军被迫退出比利时和德意志。随后，前线总司令、吉伦特派的将军杜木里埃叛变投敌。

与此同时，国内的反革命分子也蠢蠢欲动，旺代、布列塔尼以及法国南部相继发生了王党暴动，法兰西共和国面临着严峻的

1792 年 8 月 10 日，巴黎人民打败了仍在保护皇室的瑞士卫兵队，攻占了杜伊勒里宫，一个月后法兰西共和国宣布成立。

考验。

在国内外反革命势力联合进攻的危急时刻，吉伦特派彻底暴露了他们的真面目。3月，吉伦特派勾结王党分子，杀害革命人士，破坏雅各宾派在各地的俱乐部。5月，吉伦特派又组成了“十二人委员会”，企图罗织罪名，迫害雅各宾派领导人。这说明了吉伦特派已经转变成革命的敌人。不推翻吉伦特派的统治，革命就有夭折的危险。

在内忧外患的紧急关头，雅各宾派领导人民开展了反对国内外敌人的斗争。4月，成立了以丹东为首的公安委员会，负责组织战争事宜。5月底，以罗伯斯庇尔为首的雅各宾派组成了巴黎各区联合起义指挥部，任命雅各宾派左翼分子安里奥为国民自卫军司令。

1793年5月31日凌晨，巴黎上空警钟响起，起义群众迅速包围了国民公会。冲进会议厅的巴黎公社代表们，坚决要求解散“十二人委员会”，逮捕最反动的吉伦特派议员，镇压反革命叛乱。国民公会只同意解散“十二人委员会”，而没有同意逮捕吉伦特派的首要分子。6月1日，巴黎获悉，里昂吉伦特分子勾结王党分子，杀害了800名雅各宾派人士，同时传来前线形势恶化的消息。

当晚，愤怒的革命群众集会，示威游行。6月2日，起义的群众和国民自卫军10万人再次包围了国民公会，当场逮捕了29名反动的吉伦特派议员，后来，其中的大部分议员被送上了断头台。

巴黎革命推翻吉伦特派后，雅各宾派接掌政权。专政的最高权力机关是国民公会，执行机关是公安委员会，实际首脑是雅各宾派领袖罗伯斯庇尔。专政期间，建立革命政府，强化专政机构；颁布《土地法令》，废除封建土地所有制，摧毁封建制度；制定《1793年宪法》，取消积极和消极公民的区别以及选举的财产资格限制；通过《惩治嫌疑犯条例》，镇压反革命，并击退了外国武装干涉；实行限价政策，打击投机商，把法国资产阶级革命推向高潮。

“热月政变”“雾月政变”

雅各宾派执政后，开始推行恐怖统治。恐怖统治本是在特殊条件下采用的一种非常手段，一旦危机被克服，就应立即停止。然而，雅各宾派中的一些领导人在恐怖年代里养成了一种排他自保和权欲膨胀的心态，使得他们在局势好转之后不但没有调整，反而把恐怖统治变为铲除异己、维护自身权力的手段，最终导致雅各宾派内部发生分歧，分裂为三派，即埃贝尔派、丹东派和罗伯斯庇尔派。埃贝尔派一向激进，他们要求继续加强恐怖政策；丹东派主张放弃恐怖统治，实行宽容政策；而当权的罗伯斯庇尔派对以上两派则一律采用镇压政策。埃贝尔、丹东及其主要伙伴先后被送上断头台。此

巴黎“无套裤汉”
这一名称来自于百姓们不穿只有贵族才穿的短裤，而他们却是大革命的主力军。

后，罗伯斯庇尔派陷于孤立。反罗伯斯庇尔的各派力量联合在一起，于 1794 年 7 月 27 日（法国新历，共和二年热月九日）发动“热月政变”，罗伯斯庇尔及其集团的主要成员如圣茹斯特、丹东等被捕，并被送上了断头台，雅各宾派专政被推翻，建立以热月党人为代表的大资产阶级政权。“热月政变”是法国资产阶级革命的转折点。从此，革命高潮过去。

新上台的热月党人一方面取消了雅各宾派的恐怖政策和激进措施；另一方面努力保护革命成果，维护共和制，希望能重新建立资产阶级的正常统治秩序。1795 年，热月党人制定了新宪法，随后成立督政府。督政府懦弱无能，对内不能稳定政局，对外不能有效地抗击反法联军的进攻。经济投机活动恶性膨胀，货币贬值达到失控地步，下层人民起义和保王党叛乱频繁发生。政治、经济和军事上的混乱局面，说明缺乏效能的督政府已不可能有所作为。

在这种形势下，1799 年 11 月 9 日（共和八年雾月十八日）发生了“雾月政变”，军事独裁者拿破仑·波拿巴应运而生，承担起建立强有力政权和稳定内外局势的历史使命。

法国大革命是一次规模宏大、斗争曲折复杂的资产阶级革命，其势如暴风骤雨，异常迅猛。在革命过程中，人民群众发挥了不可替代的作用。他们的革命行动，推动革命不断向前发展，并取得了一系列民主成果，因而这次革命是一次资产阶级民主革命。它不仅结束了法国的封建统治，而且从根本上动摇了欧洲的封建体系，有力地推动了欧洲资产阶级革命运动和拉丁美洲民族解放运动。

奥地利推行改革

约瑟夫二世

18世纪中后期，欧洲大陆各国的封建制度日趋衰落，资本主义迅速发展。一些欧洲封建专制国家的君主为了巩固自己的专制统治和顺应时代的发展，利用法国启蒙运动思想家伏尔泰希望“开明专制”的观点，高喊“开明”的口号，进行了自上而下的改革，把自己装扮成“开明”君主。于是“开明专制”便成了当时欧洲大陆各封建国家的特征。

奥地利大公兼神圣罗马帝国皇帝查理六世没有儿子，他担心自己死后王位旁落，就制定了一个新的王位继承法——《国本诏书》。诏书规定，如果没有儿子，那么女儿也可以继承王位。为了防止自己死后邻国和诸侯反对自己的女儿，查理六世慷慨地给了邻国君主和国内诸侯很多好处，以换取他们的支持。邻国的君主和国内诸侯都纷纷表示赞成查理六世的《国本诏书》。1740年，查理六世去世，他的大女儿——23岁的特蕾西娅，即玛丽亚·特利萨即位，成了奥地利大公和匈牙利的女王。

特蕾西娅1717年生于维也纳，天资聪颖，受过良好系统的宫廷教育，学习过世界史、宗教史，能流利地讲德、法、意、捷克和拉丁语。1736年，特蕾西娅同洛林公爵弗兰茨·斯特凡结婚。

特蕾西娅一登基，邻国和国内的诸侯就推翻了以前的承诺，公开反对她继承皇位，并发兵攻打奥地利，阴谋夺取奥地利的领土。1740年，普鲁士国王腓特烈联合法国、巴伐利亚、萨克森、西班牙、撒丁等国组成反奥联盟，拒绝承认特蕾西娅的合法继承权，并派兵侵入奥地利最富庶、工业最发达的西里西亚省，史称“奥地利王位战争”。面对严峻的形势，特蕾西娅决心捍卫自己的王位和帝国的统一。她采取了一系列措施，迅速缓解了奥地利的国内矛盾，使奥地利一致对外。随即又积极活动，取得了英国和俄国的支持，并得到了英国大量的经济援助，终于渡过了危机。1745年，她的王位继承权得到了德意志大多数选侯的承认，她的丈夫弗兰茨也被推举为神圣罗马帝国皇帝（皇帝只允许男子继承），但她仍大权独揽。

1748年，奥地利与交战国签订《亚琛和约》。和约承认了特蕾西娅的王位继承权，但规定奥地利必须把大部分西里西亚割让给普鲁士，把一部分意大利领土割让给西班牙和撒丁王国。

战争的失败暴露了奥地利的政治和军事弊端，使特蕾西娅认识到：“国家的弊端，不仅仅是个人的问题，也是整个王朝结构造成的结果。”在一大批受到启蒙思想影响的大臣的辅佐下，特蕾西娅宣布实行“开明专制”，进行一系列大规模的改革，以振兴国家，巩固统治。

为了对付强大的法国和普鲁士，特蕾西娅首先进行军事改革，创办了“玛丽亚·特蕾西娅陆军大学”，规定以后军官必须经过正式训练才能任职，军官升职不以出身而以学历和战功为标准。她改革征兵方式和军事训练方法，将军队由 10 万人扩充到 27 万人，奥地利的军事实力大大增强。

在政治上，为了加强中央集权，特蕾西娅组成国务院，建立了管理内政和财政的机构，剥夺了邦议会和贵族领主的权力。

经济上，她下令统一货币，并发行纸币，减轻农民服劳役的时间，取消贵族和僧侣不纳税的特权。她还鼓励工商业者创立工厂，并设立奖金奖励新发明和新企业。为了改变技术落后的状况，特蕾西娅允许外国技术人员迁居奥地利。同时，公费派遣技师到国外深造，并禁止熟练工人外流。

1780 年，特蕾西娅去世，她的儿子约瑟夫二世继承王位（他在 1765 年父亲去世后就继承了神圣

玛丽亚·特利萨

·开明专制·

开明专制是18世纪下半叶欧洲一些国家封建专制君主执行的一种政策。当时，欧洲大陆诸国的封建制度日趋衰落，资本主义生产关系在封建社会内有所发展。各国封建君主为了巩固其专制统治，接过了法国启蒙学者要求改革的旗帜，宣称要进行自上而下的改革。他们利用伏尔泰希望有一个开明的君主、在哲学家的辅助下改革社会生活的主张，把自己装扮成“开明”的君主，高喊“开明”的口号。“开明专制”便成了当时欧洲各国封建专制政府的特征，只有英国、波兰、法国例外。

罗马帝国的皇位）。他采取了激进的改革措施，进一步加强了中央集权，废除了农奴制，严格限制天主教的势力。但他的措施触犯了贵族的利益，也激化了民族矛盾。约瑟夫二世是个颇具民主思想的君主，他把维也纳宫廷附近的大草地和森林开辟为公园，供人们游览，还禁止人们在他面前行屈膝礼和吻手礼。约瑟夫二世还取消贵族的特权，撤销等级学校，废除死刑和刑讯，创立了奥地利现代化的军队和忠诚的官僚体系。在对外政策中，他与母后共同执政时就已经获得一些成功就。当波兰发生内战时，他微服私访柏林，与普鲁士的国王腓特烈大帝会谈，一起策划瓜分波兰。他曾企图以奥属尼德兰和平交换巴伐利亚，但普鲁士腓特烈深恐他在德意志的势力扩大，纠集一批小诸侯组成诸侯同盟表示抗议，约瑟夫只好作罢。1790年，约瑟夫二世去世，他给自己写的墓志铭是：“这里沉睡着一位国王，他心地纯洁，但却目睹了自己的全部努力归于失败。”

特蕾西娅和约瑟夫二世的改革，取得了很大的成就，是奥地利近代化的开端。

普鲁士跻身欧洲强国

普鲁士原为古普鲁士人居住地，13 世纪为条顿骑士团征服，始称普鲁士。1466 年臣属波兰，1525 年成为普鲁士公国。自 16 世纪起，勃兰登堡采用各种方式不断扩张领土，并利用位于海外贸易必经之路的有利位置，积极发展经济，国势蒸蒸日上，成为德意志诸邦中唯一能与奥地利抗衡的国家。

18 世纪中叶，腓特烈二世为使普鲁士跻身于欧洲强国之列，也开始实行“开明专制”，进行改革。改革内容包括：第一，加强中央集权，提高政府工作效率。

腓特烈把政府机构置于自己的绝对控制之下，要求官员讲求效率，却不给他们以处置权。这样，普鲁士的官僚机构就成为国王手中驯服而有效的御用工具。

1763 年柏林战争结束后，腓特烈大帝胜利返回首都柏林。

第二，疏通道路，修筑桥梁，改善交通；吸引外国移民；发展工商业，增加税收；扩充军力。第三，开办学校，发展教育；奖励科学，扶助艺术。

腓特烈二世的“开明专制”表面上标榜科学与理性，但本质上仍是专制主义。

他在进行改革、增强国力的同时，不断发动对外战争，继续扩充疆土。

18 世纪中期，他借口奥地利的王位继承问题，参加对奥战争，夺取了西里西亚。18 世纪晚期，又与俄、奥一同瓜分波兰。普鲁士的实力迅速上升，跃居于欧洲强国之列。与此同时，普鲁士也变得更加专制，更加军国主义化了。

·德意志的政治分裂·

公元 843 年，从查理曼帝国分裂出来的东法兰克，逐渐发展为德意志王国。公元 962 年，奥托一世成立了新的帝国，历史上称为“神圣罗马帝国”。这个时期，德意志封建主乘机加强割据，扩大实力，诸侯之间出现长期内乱，皇权衰落，封建领主发展为诸侯或称邦君，领地成了邦国。1356 年，查理四世迫于压力，颁布《黄金诏书》，正式承认诸侯在自己邦内拥有行政、司法、关税、铸币和经营矿山等权利，并规定皇帝由固定的七个诸侯中选举产生，七个诸侯因此称为选侯。14 世纪中叶，神圣罗马帝国除七个选侯外还有 10 多个大诸侯、200 多个小诸侯、1000 多个独立帝国骑士，他们大大小小的领地就是大大小小的邦国。在 300 多个邦国中，奥地利和普鲁士最为强大，他们之间的争霸导致了德意志政治分裂局面的改观。

俄国推行“开明”改革

近代的俄国是以莫斯科公国为中心，通过不断兼并邻国逐步形成的。到17世纪中叶，俄国已是一个疆土辽阔的封建大国，但经济却十分落后。农奴制度在俄国仍盛行不衰，农民没有人身自由，饱受着贵族地主的残酷剥削，生活非常悲惨。手工工场虽然开始出现，但数量很少，而且工场内的主要劳动力是农奴；政治上实行沙皇专制制度，所有权力都集中在沙皇一人手中；文化教育更为落后，识字的人非常少，全国人民都笼罩在无知和愚昧之中。

为使俄国尽快摆脱落后局面，1689年开始掌握实权的彼得一世进行了大刀阔斧的改革。彼得一世（1672～1725年），俄国罗曼诺夫王朝第4代沙皇，杰出的政治家、军事家和外交家，俄国正规陆海军的创建者，史称彼得大帝。他于1682年即位，1689年掌握实权，称彼得一世。他生于莫斯科，意志坚强，才能出众。1682年，他与其异母兄伊万五世并立为沙皇。由于彼得年幼，伊万痴钝，伊万的姐姐索菲亚摄政。

彼得一世少年时随母亲住在莫斯科郊外。17世纪80年代，为进行军事游戏，他曾建立“少年军”，这对彼得一世个性的形成具有特殊作用。后来这支队伍便成为俄军的禁卫部队。

1689年，彼得一世率“少年军”平息索菲亚策动的射击军叛乱。1696年，伊万五世病死后，彼得一世独掌政权。1697～1698年，他化名随同俄国使团出国旅行，考察西欧，学习西欧先进的科学技术。1698年夏，他从维也纳仓促回国，镇压禁卫军宫廷政变。

在位时，彼得一世深知俄国面临的任务。为了改变俄国的落后面貌，他进行了多方面的改革。改革的主要内容包括：削弱贵族势力，加强中央集权；引进西欧先进的军事技术，建立海军和新式陆军；鼓励发展工业，允许工场使用农奴劳动；推行学校教育，重视科学技术，提倡西欧的生活方式。

彼得一世的改革是符合历史规律的，这是由改革前俄国国内的发展、各阶级矛盾的激化以及俄国国际处境日益艰难的状况所决定的。他对国家机构的改革，巩固了专制政体，增强了俄国的经济、军事实力，使俄国一跃成为欧洲强国，为进一步对外扩张创造了条件。

彼得一世毕生致力于加强俄国的军事力量，提高俄国在国际舞台上的地位。他继续了1686年开始的对土耳其的战争，于1695～1696年举行亚速远征，巩固了俄国在亚速海沿岸的地位。为争夺波罗的海出海口，他发动了对瑞典的

彼得大帝是18世纪初期俄罗斯的统治者，俄国历史上称帝的第一人。他全力以赴地将封闭保守的俄罗斯转变成一个真正的帝国。

战争。1714 年 8 月，他亲率俄国舰队在汉科角海战中击败瑞典舰队，取得海军建立以来的首次胜利。9 月，俄国与瑞典签订《尼斯塔特和约》，夺取了大片土地，并取得波罗的海的出海口。10 月，俄国改国号为俄罗斯帝国。

在 1700 ~ 1721 年的北方战争中，俄国获得全胜，取得了通往波罗的海的出海口，从而得以与西方建立直接联系。俄国开始跻身于欧洲列强之列。

1722 ~ 1723 年，彼得一世又发动侵略波斯的远征，同时继续向远东扩张。他晚年曾企图率兵侵占中国长城以北地区，因力量有限而未能得逞。

彼得一世是杰出的军事统帅，他在军事学术方面富于创造和革新的精神。在位期间，陆海军实行严整统一的编制，实行严格的纪律和军人守则；他十分重视陆海军的技术装备革新；制定了一套适合民族特点和俄军传统的部队训练体制。彼得一世的战略眼光远远超出了他所处的时代，为确保俄国边境的积极防御，他于 18 世纪初大力兴建筑垒线、要塞和海军基地。他依据俄国的历史经验，保持和发扬了俄国宝贵的军事学术，同时也吸收西欧军事思想和实践的成果，批判地加以改造。

作为一位外交家，彼得一世深知俄国对外政策的任务。他善于利用形势，能够做出妥协，又曾多次亲自出面谈判，缔结协定。1697 ~ 1698 年随大使团考察西欧各国时，他就为建立反瑞（典）北方联盟做了准备。1699 年，该联盟最终形成。1719 年，俄、瑞（典）和平谈判后，由于彼得一世善于利用欧洲列强间的矛盾，英国的破坏未能得逞。1725 年 2 月 8 日，彼得一世在彼得堡去世。

到18世纪后期，叶卡捷琳娜二世在经济上继续推行“开明”改革：强调发展农业生产，取消了对土地买卖、转让的限制，为土地私有制铺平了道路；大力发展工业，削弱行会的控制，鼓励各阶层人士开办工场；并逐步放弃了由国家控制商业的重商主义政策，鼓励自由贸易。这些措施在一定程度上为资本主义的发展提供了有利的条件。

·俄国启蒙思想家·

俄国启蒙运动起源于18世纪中期，罗蒙诺索夫是其“开山”人物。他主张关心同情农民，要改善农民的教育、卫生、保健等方面的现状，要保证农民的孩子都能上学，而农奴制必须予以抵制、推翻。罗蒙诺索夫的观点受到后来启蒙思想家的尊崇。因为天赋人权，农奴应该享受到与他们主人一样的权利，农奴应当自由、平等，农奴对自己的财产有处置权，任何农奴制度都是没有文明的表现，应当禁止。这也是启蒙思想家的态度。雅·帕·科杰尔斯基对农民贫困的根源作了深层探究，他认为地主对农民的剥削才使农民受穷。社会上应当摒弃那些对农民不公正的行为与政策。俄国另一个启蒙思想家是尼·伊·诺维科夫。他通过《雄蜂》和《画家》对当时俄国官场和政界人物作了无情的揭露，如奉承拍马、徇私枉法等。为此，诺维科夫身遭囹圄之灾，被判处15年的监禁。而1749年出生于萨拉托夫的拉吉舍夫，在《从彼得堡到莫斯科旅行记》中极力抨击沙皇专制，号召人民推翻它。该书公开指责沙皇是暴政者，农民的一切都被他和农奴主剥夺殆尽，唯一留下的“只有空气”，只有推翻沙皇专制，才能建立自由平等的国家。